JN410275

한기정 퓨전수필

사람을 말하다

함께 탱고를…

함께 탱고를…

한기정 퓨전수필

1판 1쇄 인쇄/ 2018년 10월 20일
1판 1쇄 발행/ 2018년 10월 25일

지은이 / 한 기 정
펴낸이 / 우 희 정
펴낸곳 / 도서출판 소소리

등록 / 제300-2007-21호
주소 / 03073 서울 종로구 성균관로 5길 39-16
전화 / 765-5663, 010-4265-5663
e-mail: sosori39@hanmail.net
www.sosori.net

값 12,000 원

*잘못된 책은 바꿔드립니다.

ISBN 979-11-5891-113-3 03810

아주 다부지게
그렇지
어느 누구도 엿볼 수 없게
아늑한 벽을 쌓아
아스라이
그것도 가까이 아늑
이끌어 가기를…

한 시절 함께 했고픈…

성춘복 씀

▶책을 내면서

『함께 탱고를…』 권하며

통섭의 시대에 부응하기 위해서가 아니라
속이 원하는 대로 흐르다보니
시와 수필의 경계를 넘나드는 모양새가 되었다.
그렇게 수필가가 되고 시인이 되었다.

어떠한 이름으로 불리는가보다는
무엇을 쓸을까
얼마만큼 해낼 수 있을까에
나날이 고민은 짙어진다.

얻은 결론은
답을 구하려는 습성을 눌러 앉히고
나를 포함한 누군가의 '흔적'을 찾아
다가가려고 한다.
발길이 멈춰지는 그 어딘가에 도착하기까지.

2018년 맹렬한 폭염의 서울을 지키며
임곡 한기정

마냥 그리워

죽은 듯 살아있는 것

나를 위하여

추웠던 겨울은 잊었다

마냥 그리워

기억의 섬

동생이 태어나던 저녁
천장에 매달린 알전구는 지나치게 고요하고
다다미방에 누운 엄마는
산고를 치르는데
고통의 소리는 잠잠하고
다급하게 서성이는 사람들

무성 영화를 보듯
멀찍이 떨어져 앉은
나

행여 고향냄새가 어디 있을까
어릴 적 살던 동네를 휘적휘적 거닐지만

서울은 변신합체의 고수
낯선 그리움만 챙긴
빈털터리

언제나
섬.

그들은 어디에 있을까

빨랫비누로 설거지를 하던 시절 식기를 닦는 중성세제가 나왔을 때 주부들은 비싸게 그런 것을 쓸 필요가 있나, 했다.

생각보다 보급이 느려서 그랬는지 아니면 전략이었는지 모르겠지만 판매원이 집집에 들러 물건을 권했다. 남편이 출근하고 어느 정도 집안일을 하고 나면 주부들이 모여 수다를 떨기 마련이었던 풍습을 활용해 그들은 한 집에 여러 명의 주부들을 모아 광고를 하는 것이다. 상품의 장점을 강조하며 사용하지 않는 것이 조금쯤은 미개한 것인 양 분위기를 띄우곤 했다.

그들은 대개 젊은 남자였는데 주부들을 상대하는 데에는 그것이 유리하다고 여겼음직하다. 그들은 하얀 와이셔츠에 넥타이까지 맨 깔끔한 양복차림으로 부엌에서 사용하는 중성세제에 관한 강의를 한다. 외판원이라 성과급으로 봉급을 받았을 그들은 열과 성을 다해서 그 일에 임한다. 스스로 흥이 나서 그랬는지 아니면 시큰둥하는 주부들을 적극 설득하기 위해서인지 중성세제의 무독성을 증명한다며 세제를 한 숟가락 떠먹기도 한다.

그걸 보는 어린 나는 아득해지곤 했다.

얼마나 맛이 이상할까, 아무리 몸에 나쁘지 않다 하더라도 저래도 되나, 문제가 독약처럼 금방 나타나는 것은 아니지는 않을까, 하며 내 목구멍으로 중성세제가 넘어가는 양 진저리를 쳤다.

그 담대함은 어디에서 왔을까.

자신의 성과에 대한 절박한 심정 때문이었을까, 생각처럼 쉽게 설득되지 않는 안타까움에 무리수를 둔 것일까, 먹어도 된다고 진정 믿은 탓일까.

그 당시 나보다 열댓 살은 위였을 듯싶으니 지금쯤은 모두 지공대사*가 되어있을 테지만 시대적 요구 혹은 지극히 개인적 무모함 또는 현실의 절박함에 매였던 그들에 대한 궁금증이 일곤 한다.

*지공대사: 지하철을 무료로 타는 노년층을 이르는 유행어

용서하노라

거칠고 탐욕스럽게
'사랑'이라 이름 지어
초조하게 휘둘러대던

그 속
깊은 곳에는
바늘 끝만 한
수은방울 같은 찬란함이
안타깝게 자리해 있었으니
혼란한 시간의 항해 속에서
결국 용서에 이르러

애달픈 그대의 순결을 믿기로 한다

설혹
왜곡되었다 하더라도
어린 그대의
안타까운
'그대 식의 사랑'을 받아들이기로 한다

궁극
내 짐을 덜고자 한다.

모자를 샀습니다

해를 피한다는 핑계로

오랜만에
온전히 내 취향에 맞춘
모자를 샀습니다

서른 즈음
모양새가 괜찮았을 때
모자 쓴 여자가 흔하지 않았을 때
맵시를 위해
시간들을 보내고 있을 때
처럼

필요가 아니라
화사했던 시간들
삶에 내가 중심이었던 때를
불러내고 싶어

예쁜 모자를
샀습니다.

밀고 당긴다

세상에 그저 밀리기만 하고 그저 당기기만 하는 일이 어디 있겠나
밀물과 썰물처럼 쉬지 않고 실랑이 하는 것이 일상인데

하늘로 솟을 듯 기쁘다가도 풀썩 주저앉지만
그 일로 불행한 일을 면하니 천만다행이라고 여기기도 하고
다시는 보지 않을 듯 토라지지만
풀 죽은 모습에 멍울이 풀리다가도
내가 또 속나? 싶어 속에 열을 채우고
별거 아니다 다짐하는데도
막상 부딪히면 손이 떨려
밥 때를 넘기며 되새김질하기도 하고

오름이 있으면 내림이 있고

빛이 밝으면 어둠이 깊고
아픈 만큼 자라고
잃으면 얻는 것이 있고
얻으면 잃는 것이 있고

삶이란
경계를 넘나드는 법
사는 모든 것이
밀당
그래서
우리가 사는 것은 도 닦기
우리는 수도자.

(2018년 서초수필회 동인지 『익숙하고도 낯선』에 게재)

여행의 정체

왜 여행을 떠나는 것일까

돌아오지 않을 작정이라면 모를까
한 치의 오차도 없이 있던 자리로 되돌아오곤 하는데
설거지해서 엎어놓은 그릇들 그대로
통풍되라고 삐끔 열어놓은 창문 그대로
우편함에 적십자 회비 고지서 그대로
있는 걸

우렁각시가 청소를 말끔히 해놓는다면 모를까
고지서가 알아서 은행으로 걸어간다면 또 모를까

여행 보따리를 꾸리기 시작하면 생각은 냉동실로 들어가는 모양이다 죽은 듯 숨어 있다가 여행에서 돌아와 발을 집에 들이밀기 무섭게 얼었던 그 놈들은 쏟아져 나와 미친 듯 녹으며 순식간에 내 앞을 진창으로 만들어 놓는다

여행의 시간이 길면
벽까지 하얗게 바랜다
번번이 그런다
가출한 에미에게 토라진 아이처럼 속눈물을 흘렸나
공기도 머쓱해하고 창가의 화분들도 엉거주춤이다
반기지 않는 풍경 속에서 주섬주섬 물건들을 제 자리에 돌려놓으며 낯설어한다
재는 왜 뻘쭘히 서있는 거야?

압축해서 밀려드는 일상과
내가 손님인 양 뜨악해하는 집기들에 주눅 들어
아예 여행을 떠나고 싶지 않은 때가 있다.

(2018년 한국실험수필 4호 게재)

해 변

태풍 '노루'가 빠져 나가는 중이라는데
양양바다는 성을 낸다
뭉게뭉게 소금 품은 파도엔
천둥을 숨기고
독수리처럼 두 팔을 한껏 펼쳐
발을 구르며
달겨든다
우루루룽 우루루룽

해변은 속수무책
그저
뒤척이며
자갈을 품었다 뱉기를 반복할 뿐

지치지도 않는 파도를
견디고 있다
처얼썩 쏴아 처얼썩 쏴아.

(청암문학 제11호 게재)

산노을

지는 해가
주황빛 노을을 만들면
산은 짙어져
섬세함을 감추고
품고 있던 마을에는
불빛이
샘처럼 솟는다

셀 수 없이 많은 이야기들을
몸소 겪고 있는 사람들의

웃음과 한숨과 안도와 기대와 정다움과 흐느낌과 비정과 어이없음과 희망과 추함과 기쁨과 자신을 내던짐과 아직 남아있는 사랑의 흔적과 분노와 포기할 수 없는 신뢰와 망각과 허허로움과 아름다움

과 배신과 교활함과 이중성과 독 하려 마음먹음과 포기와 고독과 넋두리와 조용한 동반과 허영과 소박함에 대한 긍지와 숨어있는 넉넉함과 자존에 대한 노력과 어우러짐과 뜻을 세움과 스적스적 지냄과 새 생명의 탄생과 한편 스러져가는 또 다른 생명과 기억을 다짐함과 소소한 것들을 날려보냄과 자신과의 싸움과 실패와 성공과 아무 생각 없음과 반면 곰곰 생각함과 불굴의 의지와 불안과 나태와 혼돈과 탐욕과 발등 찍힘과 신선과 설레임과 비열과 이익을 취하는데 가차없음과 공정함과 드물지만 이타심과 너무 늦은 후회와 그저 남에 대한 원망과 자신에 대한 숙고와 성숙에로의 열망과 의미추구와 재미와 보람과 한결같음과 은밀함과 부정과 갈피잡지 못함과 주체하기 힘든 열정과 안정감에 대한 집착과 얻을 수 없는 것에의 간절함과 자신을 다스림과 절망과 조용한 행복과 흉거움과 허탈함과 용서의 후련함과 구차함과 비웃음과 형태 없는 의기양양함과 강정 같은 화사함과 근거 없는 질시와 지레 겁먹은 자기 방어와 변명과 술기운의 열정과 허세와 가까이 있는 보물을 간과하는 어리석음과 천박함과 고상함과 수려함과 은은함과 다급함과 허영과 성스러움에의 노력과 비속의 애매함과 멈출 수 없는 떠벌임과 허망한 관계와 시큰둥함과 사랑의 절제와 끈끈한 연민과 진솔에의 갈구와 거들먹거림과 코웃음과 불공정과 부끄러움 없는 편견과 풍성함과 빈곤함과 뻔뻔스러움과 울적함과 망설임과 속박과 구걸과 악다구니와 옹

졸함과 거만함과 치졸함과 끝없는 자만과 죽음에 대드는 배짱과 험상궂음과 마음의 풍요와 평온에 대한 갈구와

끝도 없이 이어지는
가늠하기 어려운 사연으로부터
진액이 비어져 나오며
얼룩을 만들지만
비늘 같은 옷을 덧입는다

해가 산을 넘는 순간의
갑작스럽고도 짧은 잿빛 푸르름은
곧 어두움이라는 이름으로 불리우고
내밀해져
같은 하늘이 존재한 적 없는
새로움에
어린 아이처럼 감탄을 토함에도
마을은
화사해보일 뿐
슬그머니 몸을 웅크린다.

(2016년 청색시대 『푸른』 게재)

그리운 사람

차라리
만나지 않는 것이 낫지

함께할 때는
행복의 구름 위
헤어지면
날개 잃은 아도니스처럼 곤두박질치며
몇 날 며칠 앓으니

마냥
그리워하는 게 낫지.

불을 켜지 마세요

붉어진 코끝을
들키고 싶지 않아요
강가의 희미한 등불 속에
잠시
흐느끼고 싶어요
걸음을 늦추지도
어깨를 들썩이지도 않고
그저
눈물을 참느라 찡그린 미간을
감추고 싶을 뿐이에요

살며
누구나 우는 법

울지 않는다면
인간이 아닌 법

행여 그런 누군가를 보더라도
지나치세요
알 바 없는 듯
무심히 지나쳐 주세요

곧
깊은 숨을 들이쉬며
씻은 듯
고개를 빳빳이 세울 거에요.

바람이 분다

안개처럼 고요가 깔리고
먼 하늘에는
회보랏빛 구름

바람이 분다

머리카락으로 뺨을 때리고
등을 밀어 발걸음을 재촉하고
블라우스 자락을 들추며
골다공증 가슴을 관통한다

누구 없어요?
이야기 들어줄 누구 없나요?

돈방석에 앉거들랑

글벗들이여
미친 듯이 즐거워하는 이 글쓰기를 어느 날 멈춘다면
그것은
생각하기를 그만두고
온전히 몸으로 살고파 가출한 것이라 여겨주오

속의 것들을 모두 쏟아낼 수 없음에
비로소 항복하고
의미 있으리라 믿었던 것들에 대한 의구심은
물가의 안개처럼 끊임없이 피어오를 뿐이라는 것에
지쳐
침묵함으로 자유로워질까
기억의 복기를 멈추면 잊혀질까

뇌 생체실험을 하기 위한 것이라오

고질의 헤브라임적 기질* 탓에
거미줄처럼 엉겨 붙는 산란한 생각들을 움켜쥐고
비루하기보다는 낭떠러지에서 마지막 한 발을 옮겨 죽음에 이른다 할지라도 내딛고 말겠다느니
어려운 것은 사람 자체가 아니라 사람과의 관계로, 간절히 원할수록 절망할 뿐이라느니
지껄이는 것을 멈추지 못하니
생각들에 익사하지 않으려 버둥대다가
모두 접고
형편이야 어찌 되었든
장바닥에 나 앉아 돈을 세리라
오로지 돈을 버는 일에 진력하리라
전대에 미어지도록 돈을 채우고
냄새를 풀풀 풍기며
헤아리고 또 헤아려도
그 이유는 생각지 않으리라
살을 여위게 하지 않는 길에 들어서기로 마음먹었으니
뒤돌아보지 않으리라

그러나
그리움에 설복되어 귀가 하려는지
내처 강을 건너 멀리 떠나가려는 지는 알 수 없다오

글벗들이여
행여 내, 돈방석에 앉거든
속이 문드러진 모양이라 여겨주오.

*헤브라임적 기질: 보편적 질서에 대한 명확하고 중요한 단서를 포착해서 이를 관찰하고 연구하는데 엄청난 치열함과 진지함을 가지고 천착하는 성향으로 의식의 엄격함이 특성이다. 이에 반해 헬레니즘적 사고방식은 사물을 있는 그대로 보기를 원하고 세상에서 선하고 훌륭한 것을 찾아 모험을 하고 싶어 하는 성향으로 이 사고의 틀을 가진 사람은 유연하고 천진난만한 정신으로 세상에 접근한다. (데이비드 브룩스는 『인간의 품격』에서 이렇게 정의한다.)

(자유문학 2016년 겨울 102호 게재)

백세인생

오래도록 살아있는 자는

그 이름이 무엇이든
실존적 고독이라 불리든
생리적 고독이라 불리든
심리적 고독이든
물리적 고독이든
자가생산형 고독이든
외부투입형 고독이든

만날 사람도
안부할 사람도
안부를 물어오는 사람도
심지어는 전화할 사람도 줄어

짙어지는 고독을 감내해야하는 운명에 처한다
주변은 곁을 떠나는 사람들의 소식으로 가득 차
지레
생기를 잃고
자신을 다스리려 용을 써도 여의치 않으니
TV 소리로 공간을 메운다
게다가
육신마저 쇠약해
마음을 추스르기가 예전만 못하다

그럼에도
우리는 지구를 뜨는 것을 몹시 망설이며
백세인생을 뜨겁게 뇌이는데
삶의 억센 팔에 죽기 살기로 매달리는 이유는 무엇인가

홀로 가야 할 낯선 길에 대한 두려움이 전부인가
해야 할 일이 아직 남았다고 여기기 때문인가
남겨 놓아야할 아름다운 것들이 아쉬운가

숱한 망설임과 낯설음 속에서 스스로 다스려야 할 멸절에 대한 결단을 촉구하는 공부는 불멸이 가지지 못하는 서늘한 의연함을 안긴다.

'물질'에 관하여

물질은
궁극
인간이 죽기에
가볍게 여겨야 하는 것이 아니라

살고 있는 순간들의
존엄을 지켜야할 도구이기에
결코
가볍게 다룰 수 없는 것이다

애초에 태어나지 않았다면
물질과 인연을 맺어야 할 이유
자체가 없으니

더 이상 언급할 필요가 없겠고

세상에 육신을 가지고 던져진 존재라면
누구나
물질에서 자유로울 수 없는 것이
자명하다.

일층 아파트

겨울에 추울 거라고?
도둑이 넘볼 거라고?
투자매력이 없다고?

아니요

풀잎에 튀어 흩어지는 빗방울
나비의 한없이 가벼운 유희
바람에 몸을 뒤트는 나뭇가지들의 비명

딱히 누군가
말을 걸지 않아도
부엌에서 거실로 가며 흘낏 보이는

유모차 속 아기와 눈 마주친 젊은 엄마
그렇게 오래 함께했는데도 아직 터뜨릴 웃음이 남은 노부부

만나지요.

(문학시대 2018년 가을호 게재)

서러우면

울어야지

꽃을 들여다보다가도
벽에 기대어
누군가에게 뺨이라도 맞은 듯
흐느껴 울어야지

너른 들판 휘젓는 바람에 몸을 맡기다가도
방금 연인과 작별한 듯
서러우면
멍치에 멍울이 생기도록
울어야지

가을 밤
서리 같은 달빛을 베일삼아
눈물을
떨구지 않고도
우는 법을 익혀야지.

진정 살아있다는 것은

다음 날이
올 것을
의심하지 않는
무심함

크고 작은 일들을
계획하고
별 생각 없이
실행에 옮기는
평이함.

봄바람

봄은 기척도 않는데
산수유 꽃망울도 아직 줄기 속에 있는데
관악산 개울의 얼음은 아직 두터운데
어디선가 한 줄기 봄기운이 스친 것 같다고
우기며
칙칙한 코르셋 같은 겨울옷들을
다시는 입지 않을 듯 도도하게 던져 버리고
고운 빛깔의 봄 태나는 옷들을 차려입고
생기가 솟는 듯
길을 나선다

그리고
얻는 것은
콧물감기와 기침이다.

화초 버리기

예전에는
애먼글먼
화초 살리기에 목을 맸다
시들면 시들어서
무르면 물러서
노심초사했다
햇볕 바른 곳을 찾아 이리저리 옮기고
서늘한 초겨울에도 창문을 활짝 열어놓고
벌레는 일일이 손으로 살생하고

이제

가망이 없는 놈은 빼버리고

냉정히 가지치기를 하고
잊을 것은 잊고
버릴 것은 버리려 한다

갈 것은 가라!
기뻐 오는 것만 맞으마!

한 줄

그저
한 줄이면 된다

태어나 살다가 죽었노라

이 한 줄 속에
너무나도 많은
이야기와
눈물과
웃음과
아픔과
사건과
후회와

즐거움과
아쉬움과
뿌듯함과
치열함과
보람과
허망함과
……

천만 가지의 기억들이 담겨있다
버겁도록 꽉 채워 담겨있다

그래서
때론
글을 쓰는 것이 부질없게 여겨진다.

건강하면

내도록
혼자
건강하면
·
·
·
·
·
·
·
·
외롭다.

여러 경우의 결혼방정식

결혼이란 두 사람이 만나 현재를 살며 미래를 꿈꾸는 일이다. 자식을 낳으므로 자연에 동참도 한다.

결혼을 유지하기 위한 필수요소에는 신뢰와 인내, 관심, 연민, 애정, 문화 등의 무형적 가치와 자식과 재물, 성적교합 등의 구체물이 포함된다. 이 요소들이 더해지고 빼지고 곱해지고 나뉘면서 얽히고설켜 가정고유의 체제가 구축된다. 이들은 물건의 안팎과 같아서 어느 것 하나가 부실하면 결혼이라는 관계식의 성질이 달라진다. 테두리 안에서 진정한 가족이 되지 못하고 그저 뿔뿔이 흩어져 이름으로만 가족으로 남아 서로 겉돈다. 낯선 남과 그다지 다르지 않게 데면데면할 수도 있지만 잘못하면 원수도 된다.

방정식으로 결혼의 형태를 규정해본다.

1 + 1〈1

이렇게 시작되는 결혼은 드물지만 간혹 확신이 없으면서 진행되는 경우에 해당된다. 확신은커녕 갈 데까지 가보자, 하는 심정으로 하는 결혼도 있기 마련이다. 사랑하지 않으나 단지 필요해서, 이미 되돌아서기에는 너무 늦어서 의구심이 들지만 결혼이라는 형식의 문턱을 넘어선다. 이 결혼에서는 물질적 및 심리적으로 얻을 것이 별로 없어 보인다. 심리적으로 이미 괴리되어 있고 특별한 응집력이나 안온함을 애써 얻으려 들지 않기 때문에 생산적이기 어렵다. 둘이 있어도 혼자 있는 것과 진배없고 상대가 성가시기조차하며 회의가 든다. 이혼의 빌미를 끊임없이 찾기도 한다.

1 + 1 = 1

밑지는 장사인 셈이다. 같은 공간을 공유하고 있어서 겉보기에는 그럭저럭 꾸리고 있는 듯 보이지만 서로의 과도하게 보장된 독립성이 혼자 사는 것과 별반 다르지 않다. 모래알 같은 관계로 부부가 서로 소가 닭 보듯 한다. 둘 사이에 대화의 시간도 마련되지 않을 뿐 아니라 필요도 별로 느끼지 못하며 공동으로 추구해야할 목표를 설정하기 어렵다. 얇은 유리그릇 같은 이 결혼은 쉽게 부서질 수 있다. 이 방정식의 결혼이 실패로만 마감되는 것은 아니어서 시작의 방정식은 이러해도 노력여하에 따라 여건변화에 따라 얼마든지 풍성한 결혼에 이를 수 있다.

일생의 주기로 보아 배우자를 상실한 생애 후반 얼마간은 이런 형태를 띨 수 있다. 함께하던 실체가 사라지면서 마음속에 결혼의 색다른 공간이 생기게 된다. 변형이 되기는 했어도 그것에는 추억과 미움과 회한 등이 남아 끊임없이 살아 숨 쉰다. 어떠한 결혼방정식으로 마무리하는가는 지나온 시간들의 결과일 수도 있지만 혼자 남은 배우자의 몫일 수도 있다. 외로운 여정이다. 1+1=1±α라 함직하다.

1 + 1 = 2

평균 수준의 결혼상황. 같이 지내는 것에 익숙하지만 그렇다고 생산적 대화나 활기찬 생활로 적극 진행되지 않는 평균적 상태. 신혼일 때 이런 형태이기 쉽다. 열정과 호기심은 있으나 아직 낯설고 익숙치 않다. 서로를 관망하며 자신의 힘을 관철시키려고 상대를 견제하기도 한다. 파워게임이다. 불필요한 기싸움을 억제하고 의지와 대화로 타협하고 이해하려는 노력을 하며 비로소 이상적인 결혼의 궤도에 들어선다. 시기적으로는 신혼 초를 지나는 형태가 되겠지만 이런 형태의 모든 결혼이 값이 큰 방정식으로 진입할 수 있다고 장담하기는 어렵다.

1 + 1〉2

서로 공감하고 적극 문제해결하려 하며 새로운 접근이 수월해지니 신명이 나는 상태. 단지 수적 증가만을 의미하는 것은 아니다. 아이를 하나 낳았다고 이 등식의 의미까지 충족되지는 않는다. 공간과 감정과 재물을 나누며 생산적인 단계에 들어선 상태로 결혼의 이점을 실감하게 된다. 더욱 풍요로워질 조짐을 보이며 재미도 나고 누군가와 함께하는 안정감을 얻는다. 서로 의지가 되며 남편이라는, 아내라는 벗을 인정하게 된다. 의견이 맞아 대화에 맛이 들고 박차를 가하면 터보엔진을 단 자동차마냥 달려 나간다. 설혹 길이 거칠 때가 있어도 헤쳐 나가는 방법을 터득한다. 이제는 서로가 함께하는 것이 즐겁고 눈빛 손짓만 보고도 무엇을 원하는지 알게 된다. 오십년을 함께해도, 열 아이를 낳아도 이 상태에 이르지 못하는 결혼도 많다.

위의 한 가지 등식 혹은 부등식이 결혼의 진행기간 동안 영원히 탄탄하게 유지되는 법은 없다. 위의 방정식들을 넘나드는 것이 통상적이다. 여건에 따라 건강에 따라 마음먹기에 따라 방정식을 갈아탄다. 출렁이며 이리저리 끌려 다니고 문제에 부딪히고 탈진하기도 하고 해결하기도 한다. 자기의사에 의해서일 수도 있고 타의에 의해서일 수도 있고 주변상황의 강력한 영향 탓일 수도 있다. 그러나 의지를 세우고 상황을 해석하고 문제해결을 모색하는 것의 주체는 결국 '나'이다. 생산적인 결혼으로 가기 위해서는 상대에 대한 이해를 행동으로 실천하는 용기, 결혼유지를 위한 대화노력 그리고 시간이 필요하다.

결혼생활은 결국 서서히 어느 한 가지 결혼방정식에 안착하게 된다. 생래적으로 모든 결혼은 이별을 잉태하고 있기 때문에 항상 예기치 못한 위기들은 지뢰처럼 두 사람의 평온을 위협한다. 끊임없는 유혹과 이간질, 상황과 마음의 변덕까지 안팎의 위험은 불쑥 튀어나와 결혼을 시험대에 올린다. 물론 대처의지에 따라 더욱 큰 응집력을 불러오기도 한다. 견뎌낼 공통의 목표가 단단하고 대화로 함께 미래의 꿈을 공유할 의지가 굳건하고 서로에 대한 신뢰를 소중하게 여기면 위기를 타파하고 앞으로 나아간다. 속도와 양상은 지극히 개인적이다.

아무리 시대가 변해도 결혼의 목표는 같이 있어도 떨어져 있어도 미소가 떠오르는 좋은 친구, 말벗을 얻어 행복해지는 것이다.

(2018년 한국실험수필 4호 게재)

혼자점심

싫어라!

혼자 저녁먹기도 괜찮고
혼자 목욕하기는 너무나 즐겁고
혼자 책 읽고 글 쓰고 신문 보고 청소하고 산책하고 시장가고 예배보고 잠자리에 들고
싫은 것이 없는데
혼자 하는 시간이 혼자하지 않는 시간보다 절대적으로, 풍성하게 필요한 체질인데

혼자점심은
명치에 허전함을 커튼처럼 드리우고
적적함을 손끝에서 떨구게 한다

모든 사물은 빛 아래 명랑하고
난 홀로 고아처럼 그늘 속에 몸을 피한 듯
화창한 날의 혼자점심은
혼을 흩는다

차라리 비오는 날이 낫고
구름 낀 날이 낫다
혼자 점심먹기에는.

(2017년 서초수필회 동인지『틈을 주다』에 게재)

해 후

남자는 살아있는 동안 때때로 그날의 사건을 떠올리곤 했다.

없었던 일처럼 잊고 지내다가도 불현듯이 떠오르면 가슴이 주저앉았다.

여자는 공중제비 하듯 하늘을 날다 치마를 뒤집어쓰고 보닛에서 구르며 땅으로 곤두박질쳤다. 둔중한 소리가 짧게 들렸다. 설핏 흰 머리카락을 본 것도 같고 아주 짧은 순간 눈을 마주친 듯도 싶다.

망막에 새겨놓은 듯 생생하다.

어둑해지던 시간, 겁에 질려 액셀을 밟으며 멀리 보랏빛이 번지기 시작한 하늘 속으로 미친 듯이 내달렸다. 텅 빈 길은 영원처럼 펼쳐져 끝머리에 오렌지빛 해를 붙들고 있었다.

그런 시간 그런 장소에 왜 나타난 걸까.

죽었을까.
본 사람은 없을까.
범퍼에 피가 묻은 것은 아닐까.
어떻게 유리창이 깨지지 않은 것일까.

한참을 달리던 중 경찰차의 경고등 불빛도 사이렌 소리도 들리지 않자 숨을 돌리며 길가에 차를 세웠다. 손은 여전히 벌벌 떨리고 심장은 뜀박질을 멈추지 않는다. 둘러보니 자동차는 말짱하다. 교통사고의 흔적 같은 것은 없다. 미등커버에 금이 가기는 했지만 수리를 맡길 만큼은 아니다.

이제는 되돌리기에 너무 늦었다.
좀 전의 그 일이 정말 있었던 것일까.
꿈결 같고 머릿속은 하얗다.

시간이 지나며 완전범죄의 확신이 서자 사건은 점차 기억에서 옅어져 갔다. 어쩌다 생각이 드는 때는 숨이 몰아쉬어졌지만 견딜 만 했다. 심지어는 궁금해져 그 장소를 지나쳐 보았는데 그런 일은 모르는 듯 평화로워 안도가 되기도 했다.

남자는 생각보다 이른 나이에 죽음을 맞이해 하늘나라에 입문하게 되었다.

들어가는 길목에서 수문장은 기다리는 사람이 있노라, 전한다. 깔끔하고도 소박한 응접실로 들어서니 웬 여인네가 다소곳이 앉아 있다. 만난 적은 없는 것 같은데 감각이 뭔가를 알아챈 듯 덜컥 속이 흔들린다.

젊은이, 오랜만이오.

나를 잘 기억하진 못하겠지만 산길에서 젊은이 차에 치인 그 할미라오. 놀라지 마오. 부러 기다린 것은 아니지만 하고픈 말이 있어 기다린 것은 맞다오. 탓하려는 것이 아니오. 젊은이나 나나 서로 고의적이고 악의적으로 저지른 일은 아니니.

나야 그때 이미 팔십을 넘긴 나이고 하나 있는 자식은 좋은 직장에서 인정받고 온화한 아내와 오손도손 손주들도 낳았다오. 몇 해 전 가지고 있던 약간의 부동산을 비즈니스호텔로 만들어 전문가에게 경영을 맡긴 상태였으니 남부러울 게 뭐 있나. 게다가 장학금도 넉넉히 내놓아 아주 근사했지. 완벽했어. 나는 욕심나는 것이 없었지. 어떻게 하면 끝시간들을 잘 마무리하나 고민하는 게 전부였으니까. 영감이 부르면 갈 채비는 완전한데 그게 언제일지가 알 수 없는거야. 그때부터는 그저 시간을 죽일 참이었던 거지. 쓰일

데가 없으니 먹고 자고 깨고를 반복하면서 말이야. 노인들 취미활동 할 곳이 많은 나라에 사는 덕분에 사느라 바쁠 수는 있었지. 그런데 노는 것을 별로 좋아하지 않는 내 성향이 문제였다오. 사는 게 재미가 없었어. 취미활동을 숙제하듯 하는 꼴이었으니 말이야. 게다가 친구들도 하나둘 먼저 가고 다리 힘마저 빠져 모임도 뜸해져서 몹시 외로움을 타는 시간들이 밀려오곤 했다오. 지금이야 고백이지만 괜스레 목이 메고 질식할 것 같은 때도 잦았지. 호젓한 시간에는 덜컥 겁이 났지. 이런 시간이 한없이 길어질까 봐서. 남의 손을 빌리는 시간이 길어질까 봐서. 혼자 견뎌야할 시간이 길어질까 봐서. 그러니 아들내외를 슬슬 고생시킬 참 아닌가. 육신이든 정신이든 시들어 여기저기 고장이 나면 애들을 불러대곤 하지 않았겠나. 걔네들도 살기 바쁜데 나까지 짐을 얹을 참이었다오.

젊은이 덕분에 아들내외를 고생시키지 않아도 된 셈이오. 아쉬운 듯 헤어져 아직도 애들이 좋은 추억으로 어머니 할머니를 기억하니 괜찮은 죽음이지. 나쁘지 않아. 운이 좋게도 고통의 시간은 짧았다오. 평생 약골로 살아 젊어서부터 통증이 몹시 싫었거든. 몸이 어딘가에 부딪히는 순간 이렇게 죽는구나, 싶긴 했지. 몹시 아팠고 겁도 났다오. 아차, 하는 순간에 정신을 잃었으니 그나마 다행이었지만.

너무 자책하지 말우. 난 괜찮다오.

오히려 젊은이 손에 피를 묻히게 한 것 같아 미안하구려.

별

밤새 뿜은 숨결로
텐트 속 천장에는
무수한 별들이 피어났다
그것들은
잠자리에서 일어난 내 이마에
바늘 끝 같은 차가움을 남기고
성급히 떠나갔다

행복의 나라 부탄
히말라야 끝자락 드룩 패스의
해발 사천이백미터 꼭대기에서
아주 잠시 보았던
별무리를

산행이 끝나기까지
다시는 만날 수 없었다

여전히
텐트 속에서
잠을 자며 숨을 쉬는데도
하루 다녀간
얼음꽃들은
영원히 마음 속
별로만 남았다.

꿈보다 해몽

계곡의 불은 물이
돌 틈을 헤치며 내달리는 듯
고속도로의 자동차 폭포

한강변에 바짝 붙은 내 집
아파트 단지로 들어서면
쏟아지는 물소리가 먼저 반긴다

이과수폭포* 곁에 선 양
번번이
착각에 빠지며
가슴이 시원하다.

*이과수폭포: 브라질과 아르헨티나의 국경에 있는 폭포

죽은 듯 살아있는 것

만약에

다음 세상에 태어나지 않는다면
다행스러운 일이지만

행여 다시 태어난다면

지금의 내 남자와 어린 나이 순수할 때 만나 수줍어하고 손잡기를 망설이고 그럼에도 결국은 설익은 뽀뽀로 연인도장을 찍고 그것에 큰 의미를 부여하고 가슴 두근거리며 소중해 하고 혹은 투덜거리며 말싸움도 하고 며칠 만나지 않고 튕기지만 슬금 보고 싶어져 누가 먼저랄 것도 없이 연락을 하고 그걸 누구의 탓인지 캐묻지 않고 자존심 상하는 일로 여기지도 않고 잊어버리고 내심 다행스레 여기며
그렇게 아주 작은 일부터 함께하는 시간들을

뿌려지는 고운 밀가루처럼 쌓아

설레는 맘으로 결혼하고 자식 많이 낳아 원 없이 예뻐하고 부모 된 것을 즐기며 뭐든지 거리낌 없이 나누고 함께하는 것을 소중히 하며 소담스럽게 살았으면

그것이 어렵다면
외로운 수도자가 되어
마음 맺힌 곳 없이
거리낌 없이
세상에 나를
던질 수 있었으면.

(2017년 청색시대『마음愛』 게재)

시답잖은 시작

겨울이 시작되는 때
거리가 성탄절 냄새를 풍기기 시작할 때
외로움이 나를 망칠 것 같은 위기감에 허우적거릴 때

낯가림을 하는 내 습성도 있고
선뜻 여자에게 다가서려하지 않는 그의 수줍음 탓도 있을 테고
그는 천재들만 가르쳐온 사람이고
나는 부족하다 일컬어지는 아이들 도울 궁리를 하는 사람이고

소개해준 친구들과 어울려 식사하고 늦은 시간 집으로 데려다 주는 포니* 안에서 그는 실수를 한다.

찢은 명함조각에 어느 구석에서 찾아낸 먼지 묻은 모나미153 볼펜으로 내 연락처를 받아 적으려는데 받침이 마땅치 않았는지 설핏

내 무릎에 대고 쓰려다가 스스로 기겁을 한다.
나는 피시시 웃음이 나면서 일시에 낯선 느낌이 사라진다.
한 번 더 만나봐야겠다고 마음먹는다.

그런 시답잖은 것에 인생전체를 걸다니!

*포니: 1980년대 (주)현대자동차에서 만든 소형 자동차

드문 때

대한민국
서울
가을
혹은 이른 봄
습도 육십도 이하
기온 십칠도 즈음
쾌청한 날
오전 열시경
그리고
일렁이는 꽤 세찬 바람,
머리카락 흩고
나뭇가지 춤추게 하는
꽤 거친 바람에 묻어 온

비스듬히 빗긴
새하얀 태양 빛은
짙은 그림자와 함께
내 영혼의 밑바닥까지
닿는다

처음 찾아 온 듯한 행복을 행여 누구에게 빼앗길까 두려웠던 그 때, 멜본*의 여름이 고스란히 찾아온다. 아주 잠시씩 아주 진하게 허니문, 그 무중력의 시간이.

*멜본(Melbourne): 호주 동남부의 도시

어느 때라도

PET검사가 깨끗하니 안심해도 되겠지요?
남편의 말에
의사는 단호한 어투로
생체검사 결과를 봐야 압니다!
강경하다

이상스러울 정도로 수술 전에 평온했다 이따금 이번에 죽을 수도 있겠다, 싶기는 했지만 낯설지는 않았다 나라고 죽음이 피해가야 할 이유가 어디 있나, 자연은 보편성의 법칙을 지니고 있는 법인데

생각해 보니 그다지 거리낄 게 없다 외로움 타던 아들이 점잖은 집안의 속 깊은 딸과 혼사를 하고 오순도순 오누이처럼 살고 있으니 되었고 나 또한 열정으로 살았으니 구십 께에 죽는 것이나 별반

다르지 않을 것 같다

조금 아쉽다면 아들 내외가 자리 잡을 때 힘을 보탤 수 없는 것이지만,

어쩌랴

행여 생체조직검사가 암환자로 분류한다 해도 아무런 조치를 취하지 않을 생각을 굳힌다 더 이상 죽은 듯 살아있는 것, 그냥 목숨 붙어있는 것에는 미련이 없다

차후 건강검진을 일체 하지 말까도 고려중이다.

이 유

그가 내 곁을 지키는 것은
나를 연민하기 때문이다
내가 그의 곁에 머무는 것은
내 손목을 비틀지 않기 때문이다
우리가 서로에게 충실한 것은
외롭기 때문이다.

방 귀

가스가 나오거든 말하란다

숨 쉴 때마다 통증은 온몸이 아직 살아있음을 알리고 하품만 해도 옆구리가 벌떡대니 재채기 따위는 감당할 수 없어서 온 혼을 동원해 참아도 이 사이로 재채기 찌꺼기가 빠져나가며 법고를 두드리는 듯 요란을 떠는데, 무슨

허긴 입부터 항문에 이르기까지 관(管)의 형태를 취하고 있는 내장을 자르고 꿰매고 했으니 새는 틈은 없는지 장기들이 서로 하모니를 이룰 뜻은 있는지 누군가 알려는 줘야겠지

전화 없는 님 기다리듯 작은 조짐에도 마음이 쫑긋거리는데 드디어 굶주린 내장을 꿀렁꿀렁 지나며 야릇한 동통과 함께 가스가 통과한다

피시식-!

이걸로 충분한 걸까

좀 더 확실한 2탄을 기다려보아야 하는 걸까.

지레 기함

정기건강검진에서 뭔가 걸리지 않고 무사히 넘기기는 어려운 나이인지라 결과를 들으러 갈 때면 조마조마하다.

이번 검진에서는 그가 걸렸다.

빠른 시일 내 정밀검사를 하란다.

예약을 하고는 늠름하자 다짐을 하고 또 해도, 잊으려고 바삐 움직여도 먹구름 사이로 끼어드는 햇살처럼 날카롭게 걱정이 명치를 헤집고 들어온다.

오히려 내가 아플 때는 담담하더니 남편이 아플지도 모른다는 의사 말에 거의 실신상태가 된다. 아닌 척 의연한 척 구는데 몸이 먼저 반란이다. 혈압이 오르고 심장은 리듬을 잃고 삼바 춤을 춘다. 입맛이 가시고 어지럼증에 비틀댄다. 급작스레 눈물이 쏟아지다가 머릿속이 텅 비다가 여러 생각들이 한꺼번에 밀어닥치며 허둥

대다가를 반복한다. 십대에도 하지 않던 짓이다.

마음 속 깊은 곳의 지진대가 충돌하며 몸부림을 치는지 자율신경계가 뒤틀리고 뇌를 흥분시켜 위를 경직시키고 피가 미친 듯 휘몰아친다. 그럴수록 나는 평온을 주문하고 평상시 모양새를 가장하느라 사지가 뻣뻣하다.

인간적인 것인가.

수양이 덜 되어 그런 것인가.

남편은 조직검사를 받고 나는 고혈압약을 처방받는다.

내가 죽는다면 시간은 멈추고 비로소 생활의 고달픔에서 건져져 자유로움으로 샤워를 할텐데, 남편이 먼저 떠나면 쓰나미 같은 피로감이 나를 덮칠 것이다. 남은 일들은 온전히 내 몫이고 사자의 아가리에 내 팔을 밀어 넣어야 할 만큼의 담력을 필요로 할 것이다. 설혹 그 일들을 그럭저럭 견뎌낸다 하더라도 내 몸과 마음은 마른 흙처럼 위태롭게 부스러질 게다. 밀려들 외로움과의 투쟁은 영혼마저 휘발시킬 수도 있다.

바닥을 알 수 없는 두려움으로 남편의 정밀검사 결과를 듣기도 전에 나는 벌써 초죽음이 된다.

(2017년 제3회 세계한글작가대회 기념 한영대역 대표작선집)

주말부부

우리 집은 십칠 층에 있습니다
안방 창에서 보면 길은 곧게 큰길까지 뻗어 있습니다

일요일 밤, 엘리베이터 앞에서 웃는 낯으로 잘 다녀오세요, 금요일에 봅시다
헤어지고는 쪼르르 안방 창가에 놓인 등 없는 의자에 턱을 고이고 앉아 유리창에 이마를 댑니다
잠시 후 그의 자동차는 주차장에서 나와 우회전하며 붉은 미등을 켰다가 서서히 멀어집니다 곧 큰길의 자동차들에 휩싸입니다

바늘 같은 비가 내리는 날도
바람이 가로수 머리채를 휘어잡는 날도
나직한 가로등 불빛이 꿈처럼 퍼지는 날도

있습니다
물론 별다른 이야기 없는 평이한 날들이 더 많습니다

그렇게 헤어지기를 일백오십 번도 넘게 했으니 이제 밤늦은 이 별연습은 백 번이 남지 않았습니다

남들은 전생에 나라를 구했는가, 우스개를 하지만 나라를 구하는 일은 좋은 일이 아닌가 봅니다.

(2018년 서초수필회 동인지 『익숙하고도 낯선』 게재)

수술 전

아들내외가 사준 신발을 신고
며느리가 골라 준 백을 들고
조수미 콘서트에 갔다
높은 이상을 실현시키려 고군분투한 날들을 기념하기 위하여

그러나

국화는 사지 않았다
유보된 생명줄을 확인받고 나서
내년 가을에
아름으로 사
여러 가을을 즐기기 위하여

도메인*에서 산 향수도 열지 않았다
안도의 시기를 맞아
샴페인처럼 터뜨려
환희를 전염시키기 위하여.

*도메인(Domein): 미국 텍사스 주 오스틴에 있는 쇼핑몰

(문학시대 2018년도 신년호 게재)

수술 후

숨이 차다

육신에 갇힌
에너지는
겁에 질려
소소한 꿈도 들여앉히질 않는다

내장을 가른 고생이
보람되려면
먹어야한다는데
목구멍으로 밥이 넘어가질 않아
숙제처럼 식사 때를 넘긴다

몇 달 후
몇 해 후
잘한 선택이라고 여기겠거니
다독이지만
머릿속에서만 맴을 돌뿐

애걸복걸하느니
의연한 해결의 지름길은 없을까
엉뚱한 생각을 한다.

(문학시대 2018년도 신년호 게재)

상 처

명치에서부터
배꼽을 굽이돌아
잔뜩 물이 오른 장마철 지렁이가
슬그머니 휘어져 기어간다

행여
터질까 봐 엮어 맨
빨대 같은 나이론실 자국으로
뱃가죽에
엉성한 텐 팩*이 생겼다

누군가 몰래 그려놓았나

지울 수 있을 것처럼
물릴 수 있을 것처럼
거울을 오래도록 들여다본다

·
·
·

칠 개월 전 내게로 왔다.

*텐 팩: 잘 발달된 복부근육을 이르는 식스 팩의 패러디

만져봅니다

소파에 아무렇게나 구기고
자는
그의 얼굴을 들여다보고
내의 바람에 돌아다니는
엉덩이를
톡톡 두드리면서
손끝에 전해오는 촉감으로
함께 있음을
확인한다.

물에 빠지다

날이 선선해져 산에 올랐다.

미처 생각지도 못한, 그러나 다른 사람들은 이미 예상했을 흐드러진 단풍을 만난다. 나무들은 자연이 보일 수 있는 가장 고상한 색을 두르고 처연한 아름다움을 뽐는다. 바람에 흔들리며 수선스러운 사람들의 수다에 미소 지을 뿐이다. 곧 사라질 것이기에 더 의연하다. 지난해 떨어진 마른 잎들은 발밑에서 아프게 속삭인다.

오대산 진고개에 올라서자 눈 아래에 구릉이 평야처럼 펼쳐지며 시야가 시원하다. 하늘은 구름 한 점 없이 짙푸르고 땅은 옅은 갈색으로 물이 들었는데 멀리 보이는 사람들은 개미처럼 꼼지락거리며 능선을 향해 무지개띠를 만든다.

산을 오를수록 공기는 축축해지고 노인봉은 구름에 싸여 동해가 어느 쪽에 있는지 가늠이 어렵다. 구름이 겨드랑이를 떠받쳤는지 그 속에 내가 있다.

유순한 계곡을 따라 걷는 길은 나무들 사이로 겨우 빗기며 번지는 햇살과 그 주변에 피어오른 안개구름으로 꿈길이다. 영화 '반지의 제왕'에서나 볼 광경이다. 피와 살은 어디로 가고 발이 공중을 난다. 오색의 숲은 솜털 같고 여기저기 멧돼지 똥내가 푸근하다. 마음이 머리 꼭대기에 두둥실 떴다.

룰루랄라 게으른 산행이 될까봐 경고하는 듯 잊을만하면 건너야할 개울이 나타난다. 물살이 급하지도 않고 물 떨어지는 소리가 소란하지도 않지만 바위를 딛고서야 건널 수 있으니 모험이다. 바위는 크고 작고 매끄럽고 투박하고 멀고 가깝다. 아예 물에 빠질 요량을 하면 겁낼 것도 버틸 것도 없건만 행여 빠질세라 온몸에 힘이 들어가고 발을 옮길 때마다 주춤거린다. 미끄러져 빠지고 다리가 짧아 빠지고 내디딜 곳이 마땅치 않아 빠진다. 다행히 다치지는 않으니 한 번 개울을 건널 때마다 탄성이 절로 나고 사춘기 소녀처럼 가슴을 설렌다. 무사히 건너고는 내심 으쓱! 한다. 곱기만 할 뿐 만만한 산행에 긴장의 매력이 실리며 명랑해진다.

십삼 세 소년시절부터 산타기에 이골이 난 남편이 개울에 빠진다.
바지 밑단이 짙은 색으로 변하고 엉덩이에 팬티자국이 난다.
그러려니 한다. 걷다보면 마르려니 한다.

또 빠진다.
그럴 수도 있겠거니 한다. 그러나 조금 신경이 쓰인다.
그런데 또 빠진다.
이제는 걱정이 된다.
산에서 술 마시지 마, 하고 오금을 박는다.

말은 그렇게 하면서도 내심 속이 상하고 마음이 짠~~ 하다.

저 사람도 이제 늙었나. 내놓고 마누라에게 맥 떨어진 것을 보이기 싫어서 버티느라 온몸이 뻣뻣해져서 그런가. 예전과 달리 얼마 전부터는 배낭에 넣어야할 짐이 많으면 무겁다며 물도 적게 담고 밥도 조금만 싸라더니 그게 조짐이었나.

내 눈에는 아직 청년인데 세월은 비웃음이다.

허긴 이미 지공대사인데, 국가가 인정한 노인인데. 공짜 지하철 카드는 그냥 주는 것이 아닌가 보다. 노인세계로의 진입 자격증.

남편 따라 산에 다니길 십년. 그 어느 때도 경험해보지 못한 최고의 절경과 만나며 가슴이 환희로 서늘하고, 자꾸 물에 빠지는 길벗을 보며 안타까움으로 마음 한 구석이 또 다르게 서늘하다.

사랑하는 당신요 ㅋㅋ

남편이 내게 이메일을 하면서 주요 내용 전에 쓴 문장이다.

그는 핸드폰에 자신의 어머니나 장모나 마누라나 아들이나 똑같이 이름 석 자로 적어두는 사람이다. 자신과의 관계에 기초하지 않는다. 그냥 김○○, 박△△, 한기정, 김□□다.

자신을 둘러 싼 사람들에 대해 가치중립적이라고 할까, 비감성적이라고 할까, 인간관계의 객관화라고 할까.

나에 대한 그의 무게감, 우리 둘의 은밀한 감정의 밀도를 감지하기 어렵다. 내가 주변 사람들과 차별화된다는 분위기가 전혀 잡히지 않는다.

결혼 후 꽤 오랫동안 하고픈 말을 쉽게 뱉지 못했다. 사람관계에 조심하는 성격 탓도 있겠지만 마음을 함부로 내보이지 않는 그의 태도가 나로 하여금 살갑게 다가서기 어렵게 했는지도 모른다. '아내'라는 이름 외에 어떠한 맛이 가미되어 있는지 알기 어려웠으니까. 응석은커녕 엄격한 네 살 터울 당숙 대하듯 어렵기만 했다.

청혼을 할 때조차 사랑하는 것 같다, 고 했다.

불확실성에도 결혼을 받아들이고 아이를 낳은 나는 또 어떤 인물인가.

아이가 어렸을 때 일하고 살림하고 아이 키우느라 허둥대는 내게 딱 한 번 지나가는 말처럼 당신은 날 사랑하지 않는다, 고 투정을 한 적이 있을 뿐이다. 그때도 아주 평이한 톤으로 스치듯이.

그럼 그 당시 이미 남편은 날 사랑한다는 확신이 있었음에도 내가 어정쩡했다는 말인가. 충분히 메시지를 전달하곤 했음에도 내가 시큰둥했다는 말인가.

허투루 듣지는 않았지만 입에 발린 말로 위로할 생각도 없었다. 그런가, 하고 마음에만 담았다. 두고 생각해볼 참이었다. 사는데 온몸이 뻣뻣할 때라 대꾸할 만큼 마음도 체력도 여유롭지 않았다.

내가 이런 인물이니 남편도 조심스러웠던 것일까.

어쨌든.

함께한 삼십년 세월이 지난 어느 날, 아들의 청첩장을 우송할 주소 목록을 이메일로 전하면서 난생처음 '사랑하는 당신요 ㅋㅋ' 한 거다. 눈가에 주름이 잔뜩 잡혀서야 '사랑하는~'한 거다. ㅋㅋ의 의미는 즉각 알아차렸다. 쑥스럽구나. 쑥스러움에도 불구하고 사랑한다고 말할 수밖에 없나보구나, 했다.

말의 무게가 천근인 남자가 사랑한단다.

뜨악하면서도 빙긋이 웃음이 난다.

이것이 가지는 깊은 속은 무엇일까.

삼십년을 무난히 살아내어 기특하다는 뜻일까.

내 편이 되어주겠다는 뜻일까.

내가 자기편이라는 것을 알았다는 뜻일까.

사랑한다는 말 한마디에 웬 호들갑인가.

그런 말을 할 수도 있지, 확대해석하는 거 아냐.

두둥실 떠가는 기분을 허겁지겁 옆구리에 붙들어 맨다. 손해 보지 않으려는 수작이다.

그런 나를 보며 복잡하게도 산다,고 혀를 찬다. 그냥 좋구나, 하고 받아들이면 안 되나, 나무란다.

겉치레 말을 하지 않는 사람이 던진 말이라, 게다가 ㅋㅋ하며 수줍게 진실을 내보인 것이라 소중하다. 주머니 속에 깊이 넣어두고 가끔씩 들여다봐도 되는 딱! 한마디다.

앞으로는 그냥 그렇게 믿어도 될 거다, 아마. 그를 잘 알기에.

시어머니 되며 받는 특별 보너스다.
이제는
그가 이 말을 뱉은 것을 되담고 싶어지지 않도록
그도 허언(虛言)을 할 수 있는 사람이구나, 내가 놀라지 않도록
앞으로의 시간 동안 마음을 조심스레 다루고
아름다운 추억을 가을하늘의 구름처럼 갈무리하도록
곰곰 생각하고 실천할 일이 남은 거다.
진짜배기 부부가 되기 위하여.

(현대수필 2017년 가을호 게재)

돌아오는 길

툭툭 털고 일어서는 시늉을 하지만
검색대로 들어서는
아들을 보내고
돌아서는 길은 적적하다
작고 섬세하던 아이가
곱고 너그러운 여자를 만나
어른이 되었는데도

아이들이 한국 땅을 뜰 시간까지
찻집에 안사돈과 나란히 앉아
별 말없이
서서히 비어가는 공항을 지킨다

어두워진 리무진 정류장에서 작별하고
혼자 집으로 돌아오는 길은
여전히 허전하다
잠이라도 들면 좋으련만
창에 머리를 박고
밤을 밝히는 창백한 불빛들을
뒤로할 뿐이다.

(문학시대 2017년 가을호 게재)

시 인

치수 큰 패딩잠바 속에서 꼼지락꼼지락
절대 벌거벗는 법이 없다
주머니마다 온갖 것들이 들어있어도
마알간 얼굴로 시침을 뗀다
설혹 바퀴벌레를 키우고 있다하더라도.

(문학시대 2018년 여름호 게재)

빚

아들내외에게
자식 낳으라 채근하지 않는다

내
아름다울 손자에게
세상의 짐을 지우는
빚을 지라고
말하지 못한다.

레이스 덧버선

찐 옥수수를 사다 말고
곁에 놓인 레이스 덧버선에 눈길이 간다
하나에 삼천원, 두 개에 오천원
옅은 핑크빛 레이스가 곱다

그 아이를 떠올리며
눈물 같은 그리움

두 개 주세요

그 아이에 대한 정겨움은
꼬깃꼬깃 접어 안주머니에 넣고
도둑고양이처럼

조심조심
아주 천천히 천천히
변하지 말고
오래 오래,
를 내게 주문한다

레이스 덧버선을
겨울에 그 아이가 오면 내어줄
선물 박스에 담는다.

노량진역

몹시 바람이 부는 날
노량진역에 서면

지금, 용산 용산행 열차가 들어오고 있습니다
하는
여자의 목소리를 따라

용산이 아니라
아들이 있는
텍사스 오스틴행 열차를 탄다.

(청암문학 2017년 가을호 게재)

2015년 12월부터 2016년 6월까지

아들이 결혼을 결심하고, 시청 앞 한정식 집에서 양쪽 집 가족이 상견례를 한 날부터 아들이 아내를 맞아 증인들을 모시고 혼례식을 한, 꼭 육 개월 동안 다양한 일들이 성급하게 다가섰다.

설레는 마음으로 사돈을 만나고 어떤 사람인지 조심스레 살피고 조금씩 다가서고 살아온 이야기들을 살금살금 하면서 공감하고 뿌듯해하고 인연을 귀히 여기고 내도록 편안하도록 염원하고 간간이 주저함도 마주한다.

미국에서는 아이들대로 옷을 사 입고 친구에게 부탁해 앨범사진을 찍고 예물을 사러 쇼핑몰을 들락거리고 각자 살던 집을 합치고 부서진 소파는 버리고 한국에서 가지고 간 꽃그림을 걸며 터전을 꾸민다.

서울에서는 식장을 정하고 예약을 하고 주례를 모시고 한복을 맞추고 양복을 맞추고 예물을 마련하고 예단을 주고받고 함을 보내고 즐거움과 망설임으로 젊은이들의 시작을 진심에서 축하해줄 사람이 누구일까 고민하며 청첩을 하고 아이들이 한국으로 나오는 일정에 맞춰 꽃장식 디자이너와 약속을 잡고 새 아이에게 줄 선물을 사러 백화점을 드나든다.

벌써 후회되는 일도 생긴다. 비디오 촬영을 하라고 강권했어야 했나, 괜스레 실속없이 한복을 맞췄나, 하면서.

그래도 마음 속 깊은 바닥은 푸르고 선연한 비취빛이다. 안도와 기쁨과 기대와 설레임의 색이다.

내 아들에게 아내가 생기고 둘이 다정하게 소곤거린다. 오랜 시간 함께한 오누이처럼. 바라보기만 해도 행복이 전염된다. 내 아들이 이제는 외롭지 않아도 된다, 소리 내어 소문내고 싶다.

행여 들떠 실수를 할까봐 신은 오금을 박는다.

당신이 죽기 전에 손자 결혼을 보게 되었다고 입고 갈 옷까지 챙기며 기뻐하던 엄마를 요양병원에 보내야하는 상황이 된다. 급작스레 몸을 가누지 못하고 어쩐 일인지 엄마는 혼돈에 빠진다. 횡설수설하는 엄마를 찬찬히 보살필 여력이 없다. 다른 선택이 없어 병원으로 보내며 당혹스럽고 죄스럽다. 머릿속이 엉킨 명주 실타래 같다. 비취빛 마음에 먹물의 파도가 밀려 왔다가 사라지는 것을 반복한다. 이미 잔치는 시작되었고 손님맞이에 큰 차질이 없어야 하는데 벌어진 일은 사정을 봐주지 않는다. 나는 젊은이들의 미래를 위해 주어진 일을 완수하기 위해 종종걸음 친다. 엄마를 어떻게든 예식장에는 모셔보려 애쓰지만 거들 손이 없다. 공식석상에서의 엄마 반응을 예측할 수 없어 아무도 엄두를 내지 못한다. 혼례식 날, 할머니의 자리는 비어있다.

물 빠진 모래밭에 생겨나는 물골처럼 우리들의 삶은 이리저리 다른 방향으로 흐르고 자국을 내는가 보다. 같은 사건 안에서도 각자의 시점에서 각자의 상황에 따라 각자의 방법으로 움직이고, 그 안의 슬픔도 기쁨도 각자의 몫이니 말이다. 나의 기쁨과 아픔의 결이 작은 틈새도 없이 밀착되어있지만 경계는 비현실적일 만큼 분리되어 있다. 할머니의 것은 할머니만의 것이고 손자의 것은 온전히 손자의 것이다. 하늘은 이토록 기쁜 일에 이토록 아픈 기억을 겹쳐 문신한다.

그래서 삶은 고독한가.
그래서 삶이 오묘한가.

기러기

결혼이라는 이름으로 한 놈은 한강에 다른 한 놈은 낙동강에 묶어두고 왕래가 뜸하니 자식 품은 암컷은 그래도 견딜만한데 홀로 있는 수컷은 크리스마스 모임에서 기타반주로 이문세의 '사랑이 지나가면'을 부르며 자신의 결정들을 뒤늦게 후회하지만 가슴의 허전한 구멍은 나날이 커져 결국 몸을 집어삼키거나 돌풍에 휩쓸리고마니 이래 죽으나 저래 죽으나 일신을 망치기는 매한가지, 외로움이 죄로소이다.

나를 위하여

가슴에…

우리는
가슴에
커다란 꽃 한 송이를
품고 산다

얇디얇은 꽃잎이
쉽게 빛바래고
살며시 건드리기만 해도
짓무르는
가녀린
꽃 한 송이를
품고 산다

소중히 여긴답시고
호호 입김을 불며
괜스레 쓰다듬어
나날이 초라해지는
꽃 한 송이를
품고 산다.

결별을 해야 시작이 된다

멀리서 보면
한 소녀가
나무를 끌어안고
춤을 추는 듯 머리카락을 휘날린다
가까이 다가가면
뗏장구름이 몰고 온 비바람을
마른 몸매로 버티는 게 고작
젖은 치마는
가는 다리에 휘감겨
작은 발을 어디로 내디뎌야할지 망설이고 있을 뿐이다

지난 시간들의 책장을 휘리릭 넘겨
낡은 책의 향기를

잠시
아주 잠시
들이마신 후
단호한 손매로
탁! 덮어버리자

투명한 얼음 밑을 구르는 계곡물이
나른한 봄볕 속에서
시간의 노래를 옹알거리듯
어깨에서 망설임을 털어내고
억지로라도 휘파람을 불며
앞으로 나아간다
전진!

그것이 무엇이든.

기도 2

몹시 두려운 게지.

침 묵

말이 없는 것은
할 말이 너무 많아
입을 열면
내장이 쏟아질까봐
세상이 시끄러워지는 것을 감내해야 할까봐
마음까지 다무는 것이다.

첫 키스

사랑이
관념에 머물러 있던
열아홉 소녀는
라일락 향기 아래에서
첫 키스의
입술 사이로 미끄러드는 혓바닥에
놀라
마음의 문을 열다말고
한걸음에
에덴을 빠져 나온다.

딜레마

육신이 있는 한은
욕심을 완전히 내려놓을 수 없다
육신이 사라지면
욕심도 사라지겠지만
그럼
존재도 함께 사라지는 것 아닌가

욕심 없는 존재를 원한다면
세상에 태어나지 않았어야 한다

그렇다고
무한한 욕심은
인간의 속성이며 자연이라고
수수방관할 수 있나

욕심의 조절수위가
내 존재의 향기다.

여름날

태양은 하늘 꼭대기에서
껄껄대며 번쩍이고
나는 툇마루에 누워
가물가물 잠에 빠져든다

멀리서 어렴풋이 다가서는
다듬이질 소리
또가닥 또가닥
따닥 따닥 따닥 따닥

장단 맞춘 소리결이
몸속으로 스며드니

공기는 멈추고
영원 같은 적막
마지막 빛처럼
감미롭다.

바람아!

손끝에서 살아나
입김에 불려
세상을 돌아다니며

어린 아기를 두고 죽는 엄마도 보고
정성들인 사랑이 등 돌리는 것도 보고
고아를 거두는 마음도 보고
사랑을 얻기 위해 견디는 시간도 보고

가슴으로 돌아와

가느다란 영혼의 머리카락을
쓰다듬어다오.

위 협

예닐곱 살쯤 되어 보이는 소년이 아이스 바를 빨며
작은 목소리로 묻는다
엄마, 저게 뭐에요?
핸드폰에서 눈을 떼지 않은 채
엄마는
너도 말 안 들으면 쟤네들처럼 되는 거야, 그러면 좋겠어?
버럭 내뱉는다
소년은 찔끔 놀라며
잃어버린 사람을 찾는
어른 손바닥 반만 한 사진 여든아홉 장이 빼곡한 벽면을
뚫어져라 쳐다본다.

물건 버리기

새 물건을 사는 일이 드문 나이이기도 하고
같은 물건을 여러 개 갖는 것은 낭비라는 생각을 하기도 하고
게다가
물건을 잘 잃어버리지 않는 습성 덕분에
물건 살 기회가 적다
옷들은 말할 것도 없고
양산도 선글라스도 만년필도 그릇도 신발도
심지어는 속옷까지도
보통은 십년
길게는 삼십년까지
내 곁을 지킨다

어쩌다가

물건이 망가지거나 깨지면
비로소 때가 왔구나, 하는 기쁜 마음으로
버려도 면죄를 받을 것 같은 안도로
신명을 내어 버린다

가거라!

겨울산행

오래 걸린 산행으로
해는 산을 떠났다
헤드랜턴도 없이 달빛을 빌려 걷는다

늘어진 가지에서 미끄러진 눈덩이는 등을 적시고
찬바람은 언 뺨을 때리니
검은 하늘에 박힌 보석들을 헤아릴 틈이 없다
거친 숨소리만 눈 밟히는 속삭임을 덮는다

발을 무릎 높이까지 들어 올려
눈더미를 벗어나려 덤벼들지만
걸려 엎어질 때마다
몸을 일으키기 싫다

그곳에 다다라
젖은 옷을 널어 말리고
안도의 잠에 들 수 있는 것은
온전히 내 몫인데
산장이 자꾸 멀어지는 듯
하얗게 바랜 눈길은 끝이 없다.

거미줄

금강산 화암사
계곡 돌다리 난간
가을비에
귀퉁이 찢어진 거미줄 한 손바닥
진주가 올올이 맺힌 명주실 망사

뒤집어쓰고 시집갈까.

(청암문학 2018년 봄호 게재)

나 비

극도의 가벼움
절대 묵음의 날갯짓

시공간의 파장과
호흡을
멈추게 하는
영혼의 나들이.

새 싹

씨앗을 심었다
흙을 솔솔 뿌리고
물을 살살 부으며
공을 들인다

하루
이틀
사흘

마음이 초조하다

제대로 심은 것일까
불임 씨앗은 아닐까

바람과 볕과 물에
기다림이 보태져야 싹을 보는 법인데
잊었나보다

새싹 기다리는 방법을.

부 부

더 좋아하는 쪽이
굴욕자요
빨리 아파 쓰러지는 쪽이
승리자며
늦게까지 살아남는 쪽이
슬픈 자다.

꽃

시들지 마라
억지로라도 시들지 마라
때 낀 꽃대를 잡고 가루비누 푼 물에 설렁설렁 흔들어 말리면 새 꽃이 되듯
변하지 마라

빛에 바스라질지언정
눈속임으로 도도한 척
속은 비었을망정
꿋꿋이 견뎌라

너를 위해서가 아니라
너를 추억하는
나를 위하여.

(현대수필 2017년 여름호 게재)

수문장이 되어

김병지처럼
신의손처럼
온몸을 불가사리처럼 펼쳐
골문을 막아도
스산함은
다리 사이로
어깨너머로
들이닥쳐
골망을 흔든다

돋보기를 서랍에 넣어두고
펜을 버리고
젓가락을 이 사이에 물고

붓칠을 하고 또 하면

부끄러운 것을 잊는 것이 아니라
묻어두는 것이라 할지라도
한없이 작아지다가
투명인간이 되는 행운을 누릴 수 있을까.

시

은유의 깊은 우물
길어올리면 쩡-한 맛
들여다보면 깊은 메아리

그러나
난
솔직하기 힘겨울 때
시로
속내를
물타기한다.

시간의 선물

시간이 흐르면
아기의 통통한 볼은
노화와 중력으로
처지고 주름진다
움직이지 못 해 안달을 내던
팔다리는
계단을 두려워하고
정형외과 물리치료실을 내 집 드나들 듯한다
게다가
앉고 일어설 때마다
아고고-! 소리를 내므로
고물임을 스스로 증명한다
눈치가 코치가 되고

목소리가 기차화통이 되고
남들은 다 웃을 때 따라 웃지 못하고
스마트 폰이나 폴더 폰이나 그게 그거다

그래도 시간은,
수줍던 때를 떠올리려면 석기시대의 일인 듯싶은 마누라
누르스름한 사진 속 청년이 아들 같기만 한 남편
보드랍던 아들의 턱수염
젊은 날 거울 속의 나를 보는 듯한 딸
손주
게다가 대학 후배인 며느리 사위까지 얹어준다

쩝! 하면 입맛 다시는 줄 아는 친구들은 특별보너스
서둘러 곁을 떠나는 친구도 있으니 도타움과 아릿함이 공존하는 모순의 체험

때때로 밀려드는 외로움에 놀라는 나
드라마를 보다가도 신문을 읽다가도 주책없이 찾아오는 콧등시림
나약해지는 속 정
새록새록 떠오르는 젊은 날의 초상

뿌듯함과 아쉬움이 뒤엉켜 수시로 털어버리는 수고
고집이나 서러움이나 심통으로 움막을 짓고 들어앉을 것 같은 위태로움
별찮은 일에도 삐지며 곤두서는 신경
혼자 토라지고 혼자 풀어야하는 속 실랑이

굽이굽이 터널을 지나며
얻는 것은
소중한 것과 덜 소중한 것에 대한 변별력
소소한 것을 흘려버릴 수 있는 체념 같은 너그러움
아픔 속의 진솔을 볼 수 있는 안목
나의 이익에만 준하지 않는 통찰력
그리고 실행
내 손아귀에서 이룰 수 없는 것도 있다는 것을 아는 겸손

행여 그 빳빳하던 시절
내가 알았던 것들인가.

(경기고등학교 62회 졸업 50주년 기념 문집, 『우리들의 이야기』에 게재)

님

이제나 저제나
기다려도
소식이 없어
잊으려
마음먹었다
그동안 즐거웠으면 되었지
나를 달래며
기쁘면 기쁜 대로 슬프면 슬픈 대로
시간에 몸을 맡기니
애달픔도 엷어지더라

까맣게 잊고 있는데
그리움이 있었는지조차 잊었는데

어느 날
님이 돌아와
손을 덥썩 잡더라

어째야 하나
다시 황망한 널판에 올라서야하나
냉정히 돌아서 울어야 하나.

(2016년 한국실험수필 제3집 게재)

외로움이란

친구야 노올자
하염없이 집 앞에 앉아
허전함을 달래던 때
외롭다,는 언어 자체가 없었다
모가지를 꼬고 땅바닥에 그림을 끄적이고
나무에 맨 고무줄을 혼자 겅중거리며
마냥 시간을 보내도
가슴 시린 것을 몰랐다
해가 뉘엿해지면
스적스적 집으로 발길을 돌리고
잊었다
그리고 습관처럼 내일을 기약했다

갈 집이 있고
기다리는 사람이 있어서
외로움이라 이름 짓지 않는다
그저 심심하다고 한다.

무더운 여름날

할 일은 뒷전이고 연신 투덜대며 건성건성 지내다가
못 이겨
은행으로 백화점으로 피서를 떠나며
더운 날들을 타박한다

머릿속이 멍멍해서 뭘 할 수가 있나
밥맛도 없고 밤잠도 설치고
세상 재미가 없네
선선해져야 뭘 하지

서늘해져 창문을 닫을 시간이 오면 알차게 보내지 못한 여름날들을 아쉬워할 터이지만 지금은 무덥다는 이유만으로 게으름을 정당화한다
더워도 추워도 하루는 스물 네 시간인데
똑같이 베어 먹는 하루인데.

그 아이와 여자친구

죽어가는 친구의 집에 들러 한국음식을 해먹이며 머문 일주일 동안 친구의 아들, DNA의 반은 한국인이지만 국적도 체질도 영국인인 그 아이는 주말에 집으로 온 여자친구와 거실소파에서 애무와 유사 성행위를 연출한다. 백주 대낮에 부모도 엄마 친구들도 존재하지 않는 것처럼 그런다. 19금(禁) 에로영화를 손이 닿을 듯한 거리에서 본다. 거실과 부엌이 붙어있어 음식을 하려면 우리가 드나들어야 하는데 아랑곳하지 않는다. 자신들의 방으로 올라가지도 않는다. 자신들의 은밀한 과제수행이 목적이 아니라 뭔가를 과시하려는 것이 아닌가 싶다.

우린 그들의 교성과 뒤엉킨 발치를 넘나들며 된장찌개를 끓이고 김치전을 부치며 저녁상을 준비한다.

민망하기보다 그 아이들이 싫다.

죽어가는 엄마 면전에서 보이는 '너는 너, 나는 나' 식의 행위로 읽힌다. 죽음과 젊음은 공존할 수 없는, 굳이 예를 갖춰야할 필요도 없고 그런 별개의 세계에 내가 왜 동참해야하는지 비웃는 것 같다.

부끄러운 한국인 엄마를 견뎌온 것에 대한 분노인가. 심지어는 동양인에 대한 멸시로까지 확대 해석된다. 죽어가는 친구를 보기 위해 지구의 반 바퀴를 돌아온 엄마 친구들을 모욕하려는 메시지인가.

달려드는 여자친구를 거절하지 못한 결과인지 곧 엄마를 떠나보낼 슬픔을 그렇게나마 잊으려 용을 쓰는 것인지 오래 앓는 엄마에게 진저리를 치는 것인지 그 와중에 한국음식 먹이겠다고 들이닥친 아줌마들에게 짜증이 난 것인지 알 수 없지만 내 눈에는 성실한 삶을 통과한 죽음이 경멸당하는 것 같다.

동서양의 문화차이와 나이의 많고 적음을 떠나 인간적으로 턱없이 무감정하고 배려 없는 처사 아닌가.

친구가 결혼하고 영국에서 살림을 차리며 가장 힘들었던 것이 영국식 문화에 '끼어들지 못함'이라고 했다. 오랜 역사와 전통을 가진 그들의 식탁 테이블의 일원이 되려면 기본적으로 셰익스피어의 희곡들에 대한 이해가 필요하다. 이해정도가 아니라 골수에 녹아있어야 한다. 영어실력의 문제가 아니다. 온 가족이 왁자하고 웃을 때 웃을 수가 없는 거다. 우리가 대화 중 오랜 속담을 공유하며 공통된 정서를 확인하듯 그들의 소통에는 리어왕의 대사와 은유가 올올이 박혀있다. 그들의 문화유산이기에. 그들에게는 공기와 같기에. 그들은 그 공기로 호흡하기에. 어쩌면 그들의 우월감이 한 몫 했을 수도 있다.

친구는 자신이 아웃사이더인 것을 면하기 어렵다. 그들이 의도적으로 거부했을 수도 있고 친구 스스로 주눅들은 탓일 수도 있다. 어쨌든 외톨이.

세상을 사랑만으로 끌어안을 수 있다고 여기던 젊은 시절, 가난한 나라 대한민국의 공부 잘하고 자존심 강한 작은 아가씨가 스스로 대영제국이라 일컫는 나라에서 어떻게 살아냈을까. 법적으로는 런던댁(宅)이 되었지만 문화적으로 영국인이 되는 것은 요원하다. 영원히 될 일이 아닌지도 모른다. 영원한 타자(他者).

상대와 동의하기 어려운 의미체계를 가진다는 것은 이해받기 어렵다는 것일 테고 또한 선뜻 다가설 수 없음을 뜻한다. 친구가, 이 사람보다 나은 사람을 만날 수 있을 것 같지 않다며 상심하는 부모를 떠나 낯선 땅에서 보낸 삼십년. 그 세월은 자신의 순수를 끊임없이 재해석해 위안하는 것이 전부였을까. 후회한다는 말마저 허락할 수 없었던 후회의 시간들이었을까.

그 아들을 키우며 친구는 행복했을 텐데…

시간이 흘렀으니, 그 아이도 지금쯤 다른 생각을 하고 있을지 모른다. 나이도 들었고 어쩌면 결혼을 해 아버지가 되었을지도 모른다. 벗어나고 싶었던 그 시간들에서 멀리 왔으니 이제는 달라졌을지 모른다.

낙엽이 흩날리는 계절이 되면, 넓은 뒷마당에서 애들이 한껏 뛰놀 수 있는 집을 사서 행복하다던 친구가 생각난다.

(조선문학 2015년 4월호 게재)

이별의 흔적

누군가와 이별을 한다는 것은
죽음이든
다툼이든
이혼이든

그와 혹은 그녀와 나누었던 추억
그와 혹은 그녀와 얽혀 맺었던 친구도
함께 사라진다는 것

나를 던지고 열심이었으면
이었을수록
내 영역을 포기했으면
했을수록
그 흔적은 공룡의 발자국처럼 뚜렷하다.

가을 문턱

격렬한
욕정처럼
주체할 수 없이 숨 가쁘게 하던
여름이
하룻밤 새
풀썩 내려앉아

격정과 냉정은
상통한다는 것을
알린다.

추웠던 겨울은 잊었다

엄마의 침묵

강처럼 흘러
섬처럼 머물고
웃자란 갈대 숲 사이로
바람이 어수선한데
너무 넘치고
혹은 너무 모자라
종처럼 울 수 없으니
그저
침묵할 밖에

새파랗게 불 밝힌 기차는
속속들이 검은 하늘 속에서
철교와 합창으로 굉음을 지르며

은하철도처럼 내달리고
이명은 파도가 철석 대는 듯
깊이를 알 수 없는 우물이 되어
울음으로 웅얼거릴 뿐
소리는 되지 않고
무당의 옷자락처럼 너울대기만 하니
침묵할 밖에.

아버지

라일락 향기는
뇌 갈피를 뒤적여
아버지를 읽어냅니다

사업이 내리막길을 걷고
건강도 서서히 쇠해지던 때
그러나 그것을 잘 알지 못하던 때
혹은 알았다하더라도 감추었을 때

그 이른 여름 어느 일요일
동회*의 성능 나쁜 스피커가
둑이 언제 무너질지 모른다며 다급히 피신을 권할 때
온 동네가 두려움에 웅성댈 때

아버지는
우리들을 피신시킨 후
보일러실의 모터를 거두어 선반에 높이 얹어놓고서야
집을 나섭니다
현관 턱까지 찰랑이는 물을 장화발로 가르며

아버지가
누구의 어깨에 기대어 흐느껴 본 적은 있었을까.

*동회: 요즈음의 주민센터

(문학시대 2017년 가을호 게재)

시간에 묻다

스적스적 비가 뿌리는 날
마음을 내려놓고
벽에 기대앉아
책을 편다
전화벨도 울리지 않아야하고
고구마도 없어야 한다
그저 책과의 조우
나와의 소통이
잠자리날개 같은 커튼 속에서 농밀해야한다

어느새
책은 저 멀리 물러앉고
만난 소녀는 말이 없다

북적이는 명절에
반가움은커녕 분란하기만 한 밥상머리를 피해
텅빈 거리를 서성인다
현란한 뇌의 춤사위에 지쳐
성당의 고요 속으로 몸을 숨긴다

마음 둘 곳이 없어
목숨을 버리려하지만
그마저도 허락되지 않은
처절한 엄마를
적들 속에 남겨 두고도
염려할 여력이 없다

허깨비처럼 시간을 보내는데
생활에 진저리 치는 엄마에게조차
귀애받지 못한다
묵언의 순종이 저항으로 읽혔는지
적들의 기질을 닮은 것이 원죄인지
고단한 시집살이의 희생양이 필요했는지
엄마는 딸의 기를 꺾으려

물리력을 써
다리에
엉덩이에
보랏빛-녹두빛-노란빛 파노라마를 그려대지만
그럴수록 딸은 입을 닫는다
예기치 않게 소녀의 평온은
크고 작은 실패에서 오고
엄마는 비로소 아픔의 공감으로 받아들여 다가서지만
딸은 성큼 안기지 못한다

한줄기 빛도 없이
어디까지가 하늘이고
어디까지가 땅인지
알 수 없던 시각
절벽 끝자락에 서있던 그때
검은 하늘 속에
새파랗게 불 밝히고 내달리는 열차를 보내며
다리 밑에서 눈물짓던 기억에 매달려
막차를 탄 엄마의 등을 두드리고
위안하려 애쓰는데

공명이 거칠다
애 쓰는 것이 아닌
진솔하게 다가서는 것이어야 하는데
그리 못하는 것이 고통이다

마지막 시간이 다가오는 것을 예감하는 탓인지
자기연민에 빠져
회한의 노래를 되풀이하니
한 발자국도 나아가지 못한다
각별해야할 사람과
정다운 마음으로 이별하지 못하고
추억할 소중한 사람을 가지지 못하는 것이
서글픈 일이다

시간 속에 묻어버려야 하나
목이 터져라
시간에 물어야 하나.

(2015년 한국실험수필 2집 게재)

기집애

기집애라도
항렬 따라 이름 짓고
다리 휜다고 업어 키우지 않고
팔뚝에 흉터 생긴다고
우두백신을 넓적다리에 맞히고

기집애라서
공부를 넉넉히 해야 살기가 낫다며
등록금 날짜 어기는 법 없이 챙겨주고
부모에게 미안해서 취직하겠다는
기집애에게
대학원 진학을 권하고

기집애라고
차별받은 기억 없는데
엄마는
네가 기집애라서
할머니 눈치가 보여 녹용 한 첩 먹이지 않아 약골이라고
미안해한다

그런데도
나는
엄마를 요양병원에 넣어두고
휘적휘적
잘도 나다닌다.

소피 Z. 적 슬픔

윌리엄 스타이런의 『소피의 선택』에서 반유대 지지사상을 지닌 교수의 딸, 소피 자비스토프스카는 체포되어 아우츠비츠로 보내진다. 이념적으로 그들에 동조하는 아버지가 있음에도 불구하고 운명은 그녀를 시험대에 올린다. 그 과정에서 딸과 아들 중 하나만을 선택하라고 강요받는다. 어떤 이유에서인지는 불확실하지만 딸을 포기한다. 소피는 거대한 운명의 흐름 속에서 '개인의 의지 혹은 자율의지가 허용된 듯 위장된 운명'에 자책한다. 결국 자신을 비난할 하등의 이유 없음에도 죄의식과 후회는 평이한 삶 뿐 아니라 원초적 삶 자체를 포기하도록 종용한다.

소피 Z. 적 선택을 강요받은 사람은 그 사건이 종료된 듯 보이는 시점에서도 비합리적 죄의식에서 벗어나기 어렵다. 개인이 운명 앞에서 무력할 수밖에 없는 당위성에 대해 설명하고 설득해도 스스로 납득하지 않는 한 절대로 변하지 못한다. 납득한다는 것 자체가 불가능한지도 모른다. 이미 자신이 결정해 놓은 불행의 근간을 흔드는 것 자체가 두려워 납득 당하는 것을 거부하는지도 모른다. 머릿속에서 죄의식을 몰아내면 행복해져야 하는데 내몰린 운명의 경험이 삶에 다시 불을 지필 자신감을 절멸시켰는지도 모른다. 예기치 못한 암석을 만난 그때 이미 평온한 삶은 좌초했는지도 모른다.

딸은 열일곱 봄, 집을 나서던 광경을 망막에서 지울 수가 없다. 1947년 3월 27일 아침.

딸은 동네 마실가듯 집에서 입은 채로 나섰고 아버지는 대문 안 정원석에 걸터앉아 떠나는 딸을 보며 한없이 고개만 끄덕인다. 무사히 가거라, 가 있으면 곧 뒤따라 가마, 몸조심 하거라. 언어화할 수 없는 숱한 말과 미래에 대한 가늠하기조차 어려운 불안을 내포했으리라. 눈가림을 하려고 원산역을 피해 갈마역에서 기차에 오르는데 따라온 엄마는 동행이 아닌 양 화장실에 숨어 작은 창으로 딸을 지켜보며 흐느낀다.

딸은 아무리 되짚어 생각해도 제대로 된 작별조차 허용되지 않은 것이 견디기 어렵다. 자신이 부모를 뿌리치고 왔다는 착각에서 벗어나기 어렵다. 철부지 어린 나이 마음속 한 구석에 부모에게서 떨어져 나오는 것에서 오는 작은 해방감, 미지의 세계에 대한 막연한 기대감을 가지게 되었던 것이 뼈저리게 후회되는 걸까. 그것이 자신을 용서하지 못하는 말 못할 속내인가.

그 봄날의 그 시간은 칠십년을 하루같이 되돌아보는 장면이다. 외로워서도 슬퍼서도 기뻐서도.

자신이 원하지 않는 결혼을 한 것도, 남편과 화목하지 못한 것도, 시집식구들의 질투와 음해도, 아들의 소원함도 모두 부모를 버리고 온 자신의 탓이라며 자책한다. 역사의 바퀴 속에서 필연적으로 이루어질 수밖에 없었던 보편적 슬픔으로 해석하기 보다는 자신을 인생의 능동적 주체로 보고 나무라며 옥죈다. 스스로 제 등에 회초리질을 하며 완벽한 불행자의 역할을 자초한다. 행여 잊을까 두려운 듯이.

딸의 딸은 틈만 나면 설득하고 위로한다.

부모님도 남쪽으로 올 생각이었지만 사정이 여의치 않았고, 남쪽에 같이 있던 외숙모가 내쫓다시피 했을 때 거두어준 것이 남편이고, 제대로 된 가락지 하나 가져 보려고 돈을 모은 것이 물질의 어려움을 피하는 계기가 되고, 길거리에서 아이들이 '헬로!'라고 인사하는 생김새 덕분에 시어머니의 질투를 받았고, 자식 밖에는 피붙이가 없어 매달린 것이 병이 되어 아들을 진저리치게 한 것이라고 이른다.

그때뿐, 곧 잊고 또 '내가 엄마 아버지를 버려서'라고 노래하며 자진해서 운명이라고 이름지운 늪에 몸을 담근다. 자신의 불행과 슬픔의 당위성이 훼손되는 것을 두려워하는 것처럼 보이기도 한다. 자신의 슬픔에 정당성이 부여되어야 하기 때문으로 보인다.

전쟁은 그 시대 누구에게나 어떠한 형태로든지 사연을 남길 수밖에 없고, 그것에서 온전히 자유로울 수 있는 사람은 별로 없다고, 당신만 특별한 것은 아니라고, 척박한 그 시절 해군함에서 군악대의 연주 속에 결혼식을 올린 사람이 몇이나 되겠느냐고, 험한 일을 해서 아이들 가르치고 남편 섬기고 가세를 일으켜야했던 여자들이 늘비하던 시절임에도 그런 적은 없지 않느냐고, 딸이 혀가 닳도록 하는 위로는 공허하다. 한낮의 메아리에 불과하며 한치 앞으로 나아가지 않는다. 항상 원위치로 되돌아온다.

딸은, 합리적 설명으로 메울 수 없는 아픔에 매달려 되뇌이면서 서글퍼야만 하는 존재로 자신을 내몬다. 이런 취급을 받을 내가 아니라고, 그냥 북쪽에 살았다면 이렇게 가슴 아프진 않았을 거라고, 하라는 대로 당 간부에게 시집을 갔다면 엄마 아버지를 살릴 수도 있지 않았겠느냐고, 먹고 살만해지니 더욱 그립고 또 그립다고.

딸의 딸은, 돈 있고 많이 배우고 독실한 종교인 가족이 북에서 살아남는 길은 굴욕뿐이었을 것이며, 그 소용돌이에 물려 함께 고초를 겪었다면 회한은 없었을지 모르지만 그에 못지않은 다른 형태의 고통이 있었을 것이고, 이미 그들의 관리대상인 아버지가 남은 어린 자녀 둘을 데리고 몰래 탈출하기에는 감시의 눈이 너무 많았을 것이라며, 고장 난 녹음기처럼 이르고 또 이른다.

받아들이지 않는다. 받아들이면 자신이 무너진다고 여기는지 자신이 불행해야할 이유로 무장하고 완강히 버틴다. 심지어는 불행하므로 안도하는 것처럼 보이기도 한다. 불행의 타당성을 확보하기 위한 것으로 죄의식을 택한 것 같다. 빠져 나오려는 시도를 하지 않으니 누구도 거들 수가 없다.

소피가 된 어머니를 지켜보는 딸은 쉬지 않는 그 노래에 지쳐간다.

탱고를 아시나요?

좋은 음악은 뇌를 적신다.

음악은 거친 세상에서 받은 상처를 위무하고 기대어 흐느낄 수 있도록 어깨를 내어준다. 카타르시스 하도록 어루만져주기도 한다.

그것이 바로크 시대의 고전음악이든 보사노바든 재즈든 아리랑이든 색깔에 따라 내가 처한 무드에 따라 호수 표면에 살금 펼쳐 놓은 실크드레스처럼 젖어온다. 혹은 갑옷처럼 단단하게 감싸 안는다.

탱고를 아시나요?

1880년 무렵 유럽에서 아르헨티나와 우루과이로 이주한 이주민들로부터 시작된 민족음악이다. 두 곳의 경계지역인 아플라타강을 따라 기원한 파트너 댄스의 하나다. 초기 탱고는 경쾌하고 활기찼으나 1920년대가 되자 우수의 정서를 띠게 되었다. 보통 두 대의 바이올린, 피아노, 더블베이스와 반도네온*에 의해 연주된다. 초창기의 연주에는 종종 플루트, 클라리넷, 기타가 사용되었다. 노래를 곁들이기도 한다.

2009년 8월 31일, 유네스코는 탱고를 유네스코 무형문화유산 목록에 포함시켰다.

탱고의 선율은 숨 쉴 수조차 없이 강렬한, 그래서 절명할 것 같은 비극적 사랑을 표현하기에 맞춤하다. 싸워야할 운명과 포기할 수 없는 삶이 팽팽히 맞서며 열정적인 삶의 뒤 맞이하는 마지막 밤의 처연한 단호함도 감추지 않는다.

탱고의 열정 속에 스민 서정적이고 흐느끼는 선율은 악사들의 혼신을 다하는 연주와 어우러져 미래는 증발하고 지금 이 순간에 피를 토하듯 숨을 몰아쉬게 한다. 지쳐 바닥에 쓰러져야만 비로소 적막해질 수 있다. 절대 침묵 속에 정물이 된 듯, 영원히 멈춘 찰나에 다다른 듯, 완전한 안식에 이른 듯.

영화 '여인의 향기'. 사고로 시력을 잃은 슬레이드 중령이 절망으로 오랜 시간을 칩거하다가 뉴욕여행 중 레스토랑에서 도나와 추는 춤이 탱고다. 포르 우나 카베라. 삶의 고통은 잠시 잊히고 세상의 향기에 집중하는, 낯선 여인과의 탱고는 지금의 절정과 그에 따르는 다른 시작을 예고하는 듯하다. 끝도 없이 펼쳐지는 순백의 종이에 떨어진 검은 점 하나. 극히 천천히 번지는 그림자.

영화 '물랑루즈'. 사랑하는 샤틴을 공작에게 빼앗겨야하는 크리스티앙의 절망을, 잔인한 운명에 대한 고통을 절제와 격정이 어우러진 춤으로 표현한다. 록산느의 탱고. 절제는 후속되는 격정을 더욱 고조시키고 순간을 확대한다. 활처럼 휘는 여인의 허리와 구르는 발소리의 울림은 다가오는 크리스티앙의 비참한 운명과 거역할 수 없는 무능에 대한 분노를 대변한다. '내일'이 존재할 수 없는 '오늘', 피를 쏟는 '지금'.

절제와 균형잡기가 미덕이라고 여기면서도 격정적 선율을 좋아하는 이중성은 뭔가.

팽팽한 창호지 창으로 햇살이 빗기는 시간, 해군 대위 한○○과 그레이스 켈리를 닮은 박△△는 축음기에서 흘러나오는 음악에 맞춰 반짝이는 장판 위로 미끄러진다. 가장 어렵다는 춤, 탱고. 그리듬.

어린 나는 탱고음악에 젖은 부모의 호흡을 보며 황홀하다.

그토록 화사했던 그들의 행복은 산기슭의 노을처럼 맥없이 저물고, 평생 풀 수 없는 숙제를 안고 살게 된다. 치명적이고도 지속적인 주변의 악의적 이간질로 불신의 늪에 빠져 애증의 시간들을 보낸다. 푸념, 자식에 대한 과도한 애착, 사업을 빙자한 끊임없는 외유. 화려함 속에 숨겨져 있는 아픔을 숙명처럼 지고 헤어지지도 완전히 끌어안지도 못하고 영원히 지속되는 서툰 탱고처럼 삶의 춤을 춘다.

두 사람은 생사가 갈리는 길목에서도 진정 화해는 하지 못했을 듯싶다. 설혹 조금쯤은 서로에 대한 연민과 세월의 소모를 덧없어 했을 수는 있겠지만 차마 말로 옮기지는 못하고 이별했으리라.

언제나
탱고음악은
나의 신경을 팽팽하게 끌어당기다가
온 힘으로 세상에 맞서 싸우기라도 한 듯
탈진시키며
도둑맞은 부모의 행복에 대한 아쉬움을
되새기게 하곤 한다.

*반도네온(bandoneon): 아르헨티나에서 연주되는 일종의 아코디온. 독일에서 유래되었다.

(2018년 청색시대 동인지 『그리움으로 남은 노래는 혼자 오지 않는다』 게재)

사진 한 장

엄마 집을 정리하다가 A4용지 크기의 흑백사진을 하나 발견했다.

엄마는 솔기 푼 밀짚모자를 쓰고 커다란 꽃무늬 여름 원피스를 입고 있다. 뿅뿅 망치를 든 나를 등 뒤에서 꼬옥 안고 환하게 웃고 있다. 내 얼굴에 당신의 얼굴을 살짝 붙이고 행복해한다.

난 여전히 이마가 넓고 쇠알치 애교머리가 있다. 잠자리 안경을 쓰고 하얀 플라스틱 구슬 목걸이를 하고 있다. 긴 머리카락을 뒤로 핀 질렀다. 아마 6학년 즈음이 아닐까 싶다.

그런데 왜?

나는 엄마와의 추억을 떠올리면 슬펐던 기억들뿐일까.

이렇게 다정한 순간이 있었는데도 왜 그런 걸까.

성정이 아빠 닮았다며 싫어하고 밥을 깨작거린다고 타박하고 겨드랑이 때를 밀어줄 때 간지럽다며 몸을 움츠린다고 등을 후려치고 한씨집 씨알머리라면 넌더리가 난다고 화풀이한 것만 떠오르는 것일까.

나도 이렇게 행복할 때가 있었다는 것을 나 자신에게 다짐시키기 위해 사진을 책상 위 유리에 끼운다.

그래도 감히 사진을 찬찬히 들여다보지 못한다.
믿을 수 없는 것을 믿으려 하는 것은 가짜라고 여기기 때문일까.
사진 속의 난 웃고 있지 않다.

영암 - 보성 - 여수

서울을 나서면 일가친척 누구도 없는 순 서울내기 우리 내외가 큰맘을 먹고 추석 연휴 호남지역 탐사를 계획한다. 그것도 차를 가지고.

남편은 어딜 가고픈가고 묻지만 특별한 아이디어 없는 나는 당신이랑 있으면 어디라도 괜찮지, 할 뿐이다. 좋은 조력자가 못된다.

남편은 열심히 인터넷을 찾아 여행지를 궁리한다.

나는 뚱~~ 하니 다른 건? 그것 말고, 한다. 가려는 건지 말려는 건지.

남편은 과도한 업무부담 때문인지 짬만 생기면 어딘가로 떠나고 싶어 한다. 따근히 거절은 하지 못하고 버릇 나쁜 아이 키우듯 하는 것 아니냐며 투덜대지만 결국 집을 나선다.

전주 한옥마을에서는 예전에 자기가 다 봤는데 별거 없다며 패스!란다. 그럴 거면 왜 데리고 와 구경을 시키나. 내가 보고 내가 판단할 거야, 남편에게 뻗댄다. 영 빵점짜리 가이드라고 퉁을 줘도 전동성당* 앞마당에서 웃어! 하며 이리저리 사진을 찍어준다.

도갑사에 짐을 풀고 저녁공양을 받는데 우리를 배려한 콩고기 넣은 김치찌개가 나왔다. 이런 황공한 환대가! 잠을 청하는데 요가 얇아 옆구리가 배겨 자다깨다를 반복한다. 어느 결에 양풍(洋風)이 잔뜩 들었구만! 자조한다. 다음 날 아침공양 후 월출산에 오른다. 여섯 시간이면 충분할 거라던 애초의 예정과 달리 여덟 시간을 걷는다. 무릎과 발목이 힘을 받지 못해 비척거린다. 사고가 나면 어쩌나 내심 걱정이 된다. 막대를 양쪽으로 짚어도 무릎이 꺾인다. 카메라를 들이대면서 아무리 웃어! 해도 웃어지지 않을 뿐 아니라 웃고 싶지도 않다. 입이 닷발이나 나와 툴툴거린다. 거짓말 했다고 남편을 범죄인 취급이다. 마누라 거북이 꼴에 저녁공양 시간에 맞추려면 버스로는 어림없어 택시로 모시겠다며 호의를 베푸는데, 즐겁게 떠들던 택시기사 아저씨가 사모님은 말씀이 없으시네요? 하며 백미러로 쳐다본다. 심통이 나서 입술이 철컥 붙었기 때문이다.

예상 외로 길은 최고속도에 맞춰 달릴 수 있게 뻥 뚫려있다.

여수로 향하던 중 보성에 들르자는 남편의 제안에 금방 신명이 난다. 다른 사람들이 거기 갔다고 하면 얼마나 부러웠는데, 하며 야살을 떤다. 아직 다리가 뻐근해 장애자 시늉이지만 산꼭대기까지 이어진 계단을 끙끙거리며 올라 남향받이 산비탈을 가득 메운 차밭에서 바다를 내려다본다. 뻣뻣한 다리가 싹 잊힌다. 녹차를 먹여 키운 돼지고기를 먹고 녹차 아이스크림을 먹는다. 보너스로 깜깜한 대나무 숲에 들러서는 완전히 혼이 나간다. 수없이 많은 거대한 침처럼 하늘을 찌르는 대나무 사이로 선득선득 볕이 들고 연애하는 아이들이었다면 은근한 분위기도 맛봤을 터다. 기뻐 날뛰면서 당신 짱! 이라고 엄지척을 한다.

변하는 여수의 바다를 보여주기 위해 금전적 출혈을 감수한 호텔에 짐을 풀고 바다, 바다, 바다를 즐긴다. 내려다보이는 낮바다도 좋고 불꽃 터뜨리는 밤바다도 좋고 항구에 들어온 크루즈선도 좋다. 오동도까지 걸어 호텔을 배경으로 사진을 박으며 이런데 마누라 데리고 왔다고 증거를 남겨야지, 하며 웃긴다.

불 밝힌 돌산공원에 들어서자 몇 해 전 함께했던 부다페스트를 떠올린다. 지정학적으로 몹시 흡사한 모양새를 가진 탓이다. 작은 전구로 장식한 루돌프 썰매에도 앉아보고 빛 터널도 걷는다. 어디선가 들리는 최헌의 '오동잎'에 끌려 야외 스테이지에서 노래를 하는 모씨를 만난다. 벤치에 걸터앉아 가을색 짙은 찬바람을 맞으며 연주를 듣는다. 모금함에 구경값을 조금 넣고 케이블카에 오른다. 검은 도화지 속에서 무지개 색으로 변하는 돌산대교, 거북선대교를

본다. 붉은 꽁지가 달린 미니카들이 달리고 튼튼이 검은 상자 같은 집들이 눈 아래 멀리 놓여있다.

신기항에서 카페리에 차를 싣고 여천항에 도착, 비렁길에 도전한다. 오가는 사람이 없어 온전히 우리 둘은 새와 파도와 벼랑과 나무들과 꽃향기에 안긴다. 아직 풀리지 않은 다리 탓에 엄살을 부리며 게으름을 피우는 마누라를 살살 달래 조금이라도 더 보여주려 꼬신다.

호텔로 돌아오는 길에 바다가 보인다는 향일암을 들른다. 절 입구 산비탈에 빼꼭하게 들어선 먹거리 집들은 어수선하지만 암자는 그런 것을 다 잊을 만하다. 바위 틈새를 비집어야 들어서는 암자는 예전 백금녀**라는 풍채 좋은 여자 코미디언은 들어가기 어려워 보인다. 좁디좁은 바위틈을 비집으면 대웅전이 나오고 계단을 굽이굽이 오르면 관음전이 나온다. 땅에 겨우 뿌리를 댄 오동나무는 몸을 비비꼬아 살아내고 있다. 수없이 많은 거북이조각들은 머리와 등에 동전을 한 개씩 이고 있다. 향일암은 특별 보너스다. 이것도 엄지척! 이다.

아내가 무엇을 원하는지 살피는 남편에게 어리광 섞어 투정도 부리고 버티기도 하면서 문득 엄마가 가장 가지고 싶었던 것을 나는 누리고 있구나, 안다. 남편과 마음이 맞닿아 어느 누구도 비집을 틈이 없는 밀착감을 애원했던 엄마의 작고도 큰 소망을 나는 칭얼대며 누리고 있구나, 싶다.

서울로 올라와 집에 들어서니 나는 막냇누이 노릇을 잊고 의젓해진다.

*전동성당: 사적 제288호. 대한제국시대의 종교건축. 천주교 신자들을 사형했던 전주시 풍남문 밖에 지어진 성당이다.
**백금녀(1931-1995): 한국의 여자 코미디언

(서초수필회 2017년 동인지 『틈을 주다』에 게재)

봄 날

아이들의 지저귐에서 온다

작은 등 하나 가득한 가방을 메고
엉덩이에 두둑한 기저귀를 차고
어정어정
엄마의 손을 잡고
어린이집으로 가며
웃음 가득
질문 가득이다

볕은
목련을 영글리고
아직 싸늘한 공기 속에

몇 줄기 온기를 심어
아이들을 달뜨게 한다

나의 봄날은 언제였을까
동생이 태어나기 전까지였을까
엄마가 집을 떠나기 전까지였을까
엄마가 돌아와 마음을 달래며 자식 키우기에 올인할 때 내가 아직 그것이 굴레처럼 느껴지기 전까지였을까

나의 봄날은
해뜰녘 이슬처럼
간 곳을 모른다.

벨소리

두 사람 사는 집에 전화가 네 개다.

두 개는 각자 가지고 있는 핸드폰이고 집에 일반전화가 하나, 인터넷 전화가 하나.

집전화가 연락용으로는 별 소용이 없음에도 나름 쓸모가 있다고 해서 매달기는 했지만 사용용도는 극히 제한적이다. 인터넷 전화만 있으면 될 것 같은데 그것은 정전이 되거나 인터넷에 문제가 생기면 불통이 된다는 전화회사의 말에 예비전화로서의 역할을 맡겼다.

집전화로 전화를 하는 사람은 딱 세 사람이다. 엄마, 풀문이냐고 묻는 어떤 회사의 헛전화, 미국 사는 선배. 선거철이 되면 한시적으로 여론조사를 위한 전화류가 하나 더 늘기는 하지만.

엄마가 거는 횟수를 100으로 보면 풀문이 20, 선배가 0.1쯤 된다.

헛전화는 그 회사 사이트에 우리 집 전화번호가 적혀있어서 생기는 일이라고 한다. 그 회사는 십년이 되도록 오류를 정정하지 않는다니 참으로 답답한 노릇이다.

엄마는 온 신경을 딸에게 쏟고 있어 모든 일의 초점을 내게 맞추고 시도 때도 없이 전화를 한다. 심할 때는 하루에 여덟 번에서 아홉 번. 내가 집에 있을 때 그러하니 하루 종일 전화를 걸고 있다는 뜻이 된다. 나중에는 벨소리만 들어도 가슴이 벌렁거린다. 그렇다고 받지 않을 만큼 배짱도 없다. 어쩌다 집에 있는 남편도 전화벨이 울리면 받지 않고 내게 받으라고 한다. 겁이 나는 모양이다.

엄마가 병원에 입원한 지 4개월, 아직도 집전화 벨이 울리면 소스라치게 놀란다. 그럴 리가 없는데도 놀란다. 놀라고 나서야 엄마는 아니지, 하지만 이미 그때는 놀란 뒤. 가슴이 벌렁이고 빠른 속도로 불유쾌함이 나를 지배한 후이다. 언제나 가슴이 머리보다 발빠르게 움직인다. 감성이 지성을 항상 앞지른다. 본능이 이성을 이긴다.

불합리한 현상을 어떻게 면할 수 있을까 궁리하다가 내 머리 속을 뜯어고치기로 작전을 세웠다.

벨소리를 바꾸기로 한다. 경쾌한 음악을 선정했다. '목장길 따라'.

역조건화*를 시도한 것이다.

부질없는 긴장의 옥매듭을 푸는 일이다.

*역조건화: 행동주의 심리학에서 사용하는 불안관리 훈련 대처기술의 하나로 문제행동을 유발하는 자극과 새로운 반응을 연합시켜 문제행동을 새로운 반응으로 대치하는 치료법

고독 2

혼자 사는 사람이 제일 고달픈 것은 다른 사람들이 모여 즐거울 때 혼자라는 것이다.

주말, 명절, 휴가철.

공기조차도 진공상태가 되는 듯 교교하고 주변이 최소단위의 집단, 가족으로 뭉쳐 돌아간다. 카톡도 뜸하다.

김형석 교수는 젊었을 때의 고독이 관념적이라면 나이든 후의 고독은 생리적이라고 했다.

나 역시도 슬슬 생리적 고독으로 진입하려는 것 같은 조짐이 보인다.

상황이 그러하다. 아들은 멀리 떠나있고 또한 곧 자신의 가족을 꾸릴 테니 더 멀리 둬야 할테고, 싸워도 각방을 쓰지 않는 우리가 남편 직장일로 일주일에 나흘은 각 집을 쓰게 되었다. 친구들도 각자 일이 있고 바쁘니 괜스레 만나자고 보챌 수도 없고. 그렇다고 괜스레 일을 만들어 돌아다니므로 혼자 있는 물리적인 시간을 억지로 줄이는 방법을 찾는 것도 쉽지 않다. 그럴 재주도 없고. 또한 글을 쓰고픈 욕심에 번잡한 생활은 피하니 이러지도 저러지도 못한다.

기다릴 사람이 없고 보살필 사람이 없다는 것, 온전히 나 혼자 지내려고 먹고 청소를 하고 음식을 만든다. 그런데 보람이 없다. 치매방지용이라고 내게 이르는 것이 고작이다.

엄마와 다를 바가 없다. 당혹감을 감추기 어렵다.

아버지가 돌아가시고 엄마는 미친 듯 세계 방방곡곡으로 여행을 다녔다. 전화도 세 대를 놓고 종일 매달렸다. 상담 받는 돈보다 싸다고 하면서.

고독은 창가에 턱을 고이고 혼자 있어 오지 않는다
이해받을 수 있는 누군가가 없음이다
조건 없이 끌어안아 주는 이, 없음이다
눈물 닦아줄 이, 없음이다
말없이 등 두드려줄 이, 없음이다
내 편이, 없음이다

결정하고 인내하고 책임지고 아파해야하는 모든 과정이 온전히 내 손 안에 있기 때문이다.

- 한기정 수필 제2집, 『울 것 같은 그녀와』에서

반은 맞고 반은 틀렸다.

건방을 떤 고독편을 부끄러워한다.

남대문 시장

회현 상가를 지나
신세계 백화점 건물 사이로 나서자
예고도 없이
눈물이 솟는다

남대문 시장에서
소소한 물건들을 사고
허름한 식당에서 밥 먹고
촌스런 다방에서 차 마시면
점치는 이가 들러 덕담을 한두 마디 하고
엄마는 푼돈을 건네라며 옆구리를 찌르고

그 기억들이
자동으로 재생되어진 모양이다

신세계 백화점과 메사 빌딩 사거리에서
비척대며 더 이상 돌아다닐 수 없다는 엄마를
택시에 태워 집으로 보내며 애닮아 했지만
그래서는 안 되었다
급히 해야 할 무슨 일이 있었는지는 잊었지만
함께 갔어야 했다
엄마를 집에 데려다 놓고 떠나 왔어야 했다
아무리 신세계 백화점에서 밥 먹고 수다를 떨었어도
그래서는 안 되었는데
저녁에 꼭 해야 했던 일을 포기했어야 했는데
그러지 않았다

영화처럼 장면들이 눈앞에서 살아나며
저절로 발길을 멈추고 두리번거린다

집에 들어가
엄마가 무사히 도착했는지
확인전화는 했지만
지금 생각해 보면
그때는 이미 엄마가 자기 일을 스스로 처리할 능력에 경고등이 깜빡이던 때가 아니었는가 싶다

아버지와 즐겨 들르던 남대문 시장 골목들을
손바닥처럼 잘 안다며
딸을 이리저리 데리고 다니던 엄마는
아버지와의 추억들을 되새기고
친구 같은 딸이라고 뿌듯해했다
그 남대문 시장의 숨은 가게들의 용도를
시계 고치려면 여기
작은 가전제품은 조기
외제 먹거리는 저기
안경은 거기
문구점은 고기
털실집은 요기
하며 전수했다

이제는
아픈 추억까지도

남대문 시장의 활기가 예전만 못하고 나 자신도 살 물건이 별로 없는 나이에 이르기도 했지만 온몸을 휘몰아치는 엄마에 대한 기억이 너무도 아파 쉬 들르지 못할 곳이 될 것 같다

사랑하는 사람과는 추억을 만들지 말라?

추억할 것조차 만들지 않아 그리움의 원천을 봉쇄하는 것이 낫다?

라일락 향기

온갖 꽃들이
팝콘처럼 터지는 봄
콧속으로 스며드는
라일락 향기를 타고
아름다운 추억들이 피어올라
엔돌핀을 솟구치게 한다

정원에 의자를 내어놓고
앉은 아버지의
머리카락을 깎아드리면
이발사보다 낫다고 하십니다
그러기야 했겠습니까마는
딸의 손길이 좋은 거지요

그 라일락 향기가 향기롭기만 한 것은 아닙니다
아버지와 헤어지기 석 달 전 짙은 가을이 떠오르기 때문입니다

오후 수업을 나서려 준비하는 딸에게
처음이자 마지막으로 들은 아버지의 고백
네 엄마와 사는 게 참으로 힘들었다, 너희를 위해 견뎠다

수업을 하러 가면서
끝나고 돌아오면서
창피한 줄도 모르고
명치와 등이 달라붙도록 꺽꺽거리며
울었습니다.

고운사람

인물 곱고 심성 여리고 솜씨 야물어 똥 빼고는 버릴 게 없다던 사람, 나의 큰고모.

학교 보내달라고 울며 매달려도 아버지는 계집애가 배우면 자기주장하고 거세져 못 쓴다며 종내 한글만 깨치게 했다. 어린 나이에서부터 맏딸이라고 집안일에 부린다. 어머니는 계속 동생들을 낳았고 구정물에 손 담그는 법이 없다. 자고 일어나면 빨래며 밥 짓기며 바느질이 맏딸 몫이다.

스무 살 무렵 한 살 위 신여성 올케가 들어왔다.

피난 시절 해군에서 징발한 부산 중앙여관 방 하나에 열세 식구가 오글거리는데 막냇동생은 다섯 살이다. 밥은 숯을 부채질하여 지으니 통상 삼층밥이라 위의 설은 것은 따로 걷어내 다시 밥을 짓는다. 부엌 차지 그녀와 올케에게는 시커멓게 탄 누룽지나 차례가

온다. 빨래는 강가에 나가 양잿물로 다스려야 한다. 빨래 양푼을 이고 올케에게 '언니는 따라만 오시오' 하고 앞장선다.

올케는 일을 전혀 할 줄 몰라 절절맨다. 어머니 눈치를 피해 올케를 이리저리 편한 일로 빼돌리고 새벽에도 좀 더 자라고 방으로 등을 떠밀곤 한다.

중매쟁이에게서 오빠의 친구를 소개받는다.

크게 나무랄 구석은 없다. 월남해 가족이 없어 단출하고 인물도 반듯하고 직업도 은행원이니 굶을 일이야 있겠는가. 친정을 떠나고 싶은 마음에 초조한 것도 한 몫 했으리라. 그 시절로는 꽉 찬 나이이기도 했고.

아들을 하나 낳을 때까지는 무난했다. 흠이라면 남편이 밖으로 돈다는 것이었지만 그러려니 했다. 직장에서 잘 나가는 듯 했던 남편은 빠마하고 완피스 입은 여자들과 어울렸고 급기야는 공금에 손을 댔다. 그 이후 다시는 일자리를 얻을 수 없었다. 그 바닥에서 회삿돈 빼먹은 놈으로 호가 났고 아무도 그 사람을 돈 되는 일에 가까이 두려하지 않았기 때문이다. 아이들은 늘어나고 더 이상 오빠에게 보태달라고 하기도 면목이 없어 스웨터 공장에 나가기 시작한다. 얌전하고 너그럽고 솜씨 좋은 그녀는 공장에서 보물 같은 존재가 되어간다. 마침 한국이 수출에 매진할 때와 맞물려 일거리가 몰려들고 관리자가 되어 퇴근이 늦어진다.

하릴없이 종일 마누라를 기다리는 남편의 앙탈은 날로 강도가 거세진다.

퇴근해 집에 들어서면 조공 바치듯 남편의 군것질거리를 방으로 디밀고는 부엌으로 직행, 꺼진 연탄불을 살리고 저녁거리를 서둘러 준비한다. 화낼 궁리를 하며 턱 받치고 기다렸으니 퇴박이 벼락친다. 부뚜막에 엎드린 뒤통수로 남편의 욕설과 함께 재떨이며 쟁반이 날아온다. 어느 놈을 붙어먹다가 이제 왔느니 남편 알기를 개떡으로 알아 냉골에서 지내게 한다느니 너 같은 년은 내 손에 죽어야 한다느니. 악담 뒤에는 분에 못 이겨 맨발로 뛰어내려와 마누라 머리채를 휘어잡고 매질이다. 공장바느질로 등짝이 빠개질 듯 아파 들어선 마누라는 저항할 엄두를 내지 못한다. 남편에 저항하는 것을 배운 적도 없고 생각해본 적도 없다. 아버지가 그리도 간직하게 하고 싶었던 온순하고 선한 성정이 무슨 쓸모가 있는가. 오히려 운명의 짐을 무겁게 할 뿐이다.

공장에서의 쓰임새는 많아졌지만 살림은 필 조짐이 없고 남편은 나날이 더욱 그악해진다. 낮시간 동안 스스로 분을 돋우며 벼르고 앉아 있으니 에너지가 솟구치는지 남성의 권위를 내보이는 유일한 것이 그것이라 여기는지 녹초가 된 마누라를 범하고 또 범한다. 아이들은 자꾸 태어나고 자라났지만 공부를 할 마음들은 잡지 못하고 열댓 살만 되어도 돈을 번다며 집을 떠난다. 돈을 벌으니 내놓으라고 포악을 떠는 아버지에게 맞서다가 눈 하나를 잃은 딸도 진저리를 치며 떠나갔다. 고운사람은 관성으로 사는데 숨쉬기가 점차 힘들다. 아직 사십대인데도 자신이 죽는 것은 아닐까 하는 생각이 매순간 든다.

어느 쉬는 날 고운사람은 공장에 가는 듯 집을 나선다. 큰 맘 먹고 오랜만에 깔끔하게 분홍스웨터를 차려입고 올케에게 들른다. 이게 얼마만이오. 서로 손을 부여잡고 기뻐한 것도 잠시, 올케는 고운사람의 턱밑이 남자 주먹만큼 부풀어 있는 것을 본다. 병원엘 가야겠소, 권하지만 내가 그럴 짬이 어디 있나요, 한다. 그동안 애들 학비 대줘 참으로 고맙소, 하고는 악마 같은 남편의 저녁밥을 지으러 서둘러 떠났다. 올케가 찔러준 차비를 넣은 작은 손지갑과 하얀 손수건을 꼬옥 쥔 채.

그로부터 며칠 후 겨울로 다가서는 짙은 가을.

나는 논문 마무리를 위해 인쇄소에서 밤을 새운 11월의 새벽, 공중전화로 고모의 소식을 듣는다. 엄마의 흐느끼는 목소리를 침묵

속에 듣는다. '고모 갔다.'

고운사람은 공장에서 퇴근해 여느 때처럼 사정없이 매를 치는 남편을 피해 저녁도 굶고 방 한 구석에서 잠을 자다가 숨을 거뒀다. 마지막 검불 한 가지가 나귀의 등을 부러뜨리고 말았는지도 모르겠으나 고운사람은 그렇게 한 많은 세상의 끈을 놓았다. 고운 심성이 철저히 배신당한 삶을 내려놓고 떠났다.

떠나는 순간 이제야 족쇄가 풀리는가 안도했을까.

올케는 아깝다고, 억울하다고 울고 또 울며 장례를 치렀고 그때 강제로라도 병원엘 데리고 갔어야했다고 두고두고 후회한다. 그이가 아니었다면 난 이 집에서 쫓겨났을 거라고 평생 뇌이곤 한다.

고모는 우주 한 구석에 숨겨진 듯 작은 별이 되었을까.

따라 죽은 남편을 피할 수는 있었을까.

봄이 왔으니

꽃 사러 종로에 나갈 거야
동대문에서부터 종로 4가까지
걸어걸어
기웃기웃
좌판 벌린 아주머니에게 다정하게 말을 붙이고
많이 웃고
다시 만날 것처럼 안부도 묻고
괜스레 시간을 끌며
스적스적
느린 걸음으로

산으로 나서는 남편을 잡지 않을 거야
씩씩하게 내보내고

엄마도 이십년 혼자 세월을 서성였겠지
전화에 매달리고
모든 모임에 개근하고
그때마다 입고 나갈 옷을 새로 맞추고
목욕을 하고
머리 염색을 하고
유목민처럼 세계 여러 나라를 다니고 다니고 또 다니고
짐을 풀었다 곧 다시 싸고 풀었다 곧 다시 싸고

곁에서 숨을 쉬던 잔소리쟁이 남편이
떠난 후
아닌 척 잘 사는 척 바쁜 척
열심을 내었지만
그뿐이었겠지.

페라가모 구두

엄마가 이태리 여행 때 사 가지고온 페라가모 구두를 물려 받았다.

비싼 구두니 한 번 때 빼고 광내어 닦아 신는 것이 오래도록 잘 간수하는 방법이 될 것 같아 구두수선 집으로 가지고 갔다. 츄리닝 바지에 잠바를 걸치고 종이백에 담아 덜렁덜렁 들고 갔다.

아저씨의 섬세한 손길에 혼이 빠져 앞에 쭈그리고 앉아 넋을 잃고 쳐다보는데 아저씨가 묻는다.

이거 누구 구두에요?

제 거요.

샀어요?

아뇨. 얻었어요.

그럼 그렇지, 하는 눈빛으로 피식- 웃으며 다시 구두 닦는 일에 열중한다.

이 말을 아들에게 하니 정색을 하며 묻는다.

엄마가 어떻게 하고 갔기에 그러는 거야?

뭐, 집에서 있던 채로 갔지.

엄마가 그런 대접을 받는 것에 마음이 상했는지 뚱-해진다.

괜찮아, 뭐 어때서.

구두가 얼마짜리인지는 모른다. 별로 관심도 없다. 자주 신을 것 같지도 않다. 그저 엄마의 것이기에 소중할 뿐이다. 추억이 생기는 거니까.

아저씨가 그리 묻는다고, 내심 비웃는다고 뭐 달라질 게 있나.

내 머릿속 지식의 양이 달라지겠나, 내 생각의 유형이 바뀌겠나, 내 사람 됨됨이가 변하겠나. 잃는 게 없지 않나.

나도 그랬었다.

내가 엄마에게 투덜대는 것은 괜찮아도 행여 누가 엄마를 업수이 여기는 것 같으면 잔다르크인 양 기세가 등등해 방어적이 되었다.

홀로 월남해 의지할 곳이 없다는 것과 부잣집 딸이었으나 지금은 빈털터리라는 것과 백인 혼혈풍의 유난스런 외모를 가졌다는 것과 기독교 신자라는 이유로 핍박했다. 며느리의 발뒤꿈치가 계란 같아 미워한다더니 사사건건 넘어가는 일이 없었다. 결국 그들의 작전은 어느 정도 성공, 아버지는 사업을 핑계해 밖으로 돌고 엄마는 전장의 포탄처럼 쏟아지는 시집과의 모든 문제를 홀로 견뎌야했다. 자신과 피를 나눈 목숨 같은 자식 둘에 생애 전체를 걸고. 정작 자신은 푸대접에 주눅이 들고 그럴수록 속 깊은 곳에서는 자존감이 분열하는 소리를 냈다.

부당한 대우에 패배하지 않으려 온몸에 쥐가 일도록 버티는 엄마를 깔고 앉기 위해 인간으로서의 품격을 내팽개친 할머니, 둘째고모를 보며 얼마나 복수의 칼을 갈았던가. 며느리, 올케를 궁지로 몰기 위해 겨누는 독화살이 그들의 손녀, 조카에게 치명적이리라는 것은 미처 몰랐다. 오로지 가시 돋친 말과 표독한 행위에 골몰했다. 결국 엄마의 자살미수를 초래하지만 '독한 년'이라는 타이틀을 하나 더 얻었을 뿐이다. 그들은 자신들이 어떤 죄를 짓고 있는지 몰랐다. 공격을 늦출 만큼 부끄러움이 무엇인지도 알지 못했다.

고초를 받으면서도 변변히 방어하지 못하는 엄마를 보며 내가 자라기만 해 봐라, 하고 별렀다. 앙다문 칼날은 내 배 속을 찔러대며 나를 시험하곤 했고 사건이 생길 때마다 서늘한 선혈은 내 가슴을 붉게 적셨다.

아픔으로 인해 나 자신 기형이 될까봐 두려워 얼마나 마음 졸였던가. 미움에 정복되지 않기 위해 얼마나 나를 다독여야 했던가. 너희를 닮지 않으면 나는 성공한 거야! 반면교사를 삼으며 인간의 조건을 확인하기 위해 얼마나 많은 혼자만의 시간이 필요했던가.

내 소중한 사람, 내 가족이, 내 본질을 보지 못하고 혹은 보려하지 않고 구두수선 아저씨 식으로 나를 대한다면 그것은 곰곰 생각해 봐야 할 일이다.

그러나 아저씨의 비아냥은 아무런 반향을 일으키지 않는다. 나를 일렁이게 하지 못한다. 굳이 해명하려 씨름할 이유도 없다. 해명하는 것도 우습고. 일회성 만남에 격분할 것이 뭐 있나. 내 마음이 뒤뚱거릴 이유가 어디 있나. 그가 날 그렇게 보았다면 뭐 그런 거다.

그가 보는 내 모습을 그대로 둔 채 수선집을 명랑하게 나서면 된다. 그저 그렇게 보이는 모양이구나, 나도 잘 차리고 나서면 근사하다우, 하고 웃어넘기면 그뿐이다.

변한 것은 구두코가 반짝거리는 것뿐이다.

속 빈 강정

화사했다
생긴 모양새나 옷맵시나
겉으로 본 삶의 그릇이 모두 그래 보였다
함부로 입을 열지 않고
절대 아쉬운 소리 않으니 더욱 그래 보였다

전쟁 후 미국 파견근무를 마치고 돌아온 아버지는 텔레비전을 사 와 동네 영화관을 만들었지만 그것이 시기와 폭력이 마그마처럼 들끓다가 활화산이 되다가를 반복하는 것을 막을 수는 없었다. 오히려 그랬기에 질시와 이간질이 집요하게 파고들어 아버지와 엄마 사이에 불신의 너른 강을 놓았다. 강바닥에서는 험한 물살이 살을 헤집고 심술을 부렸다. 혼자 몸으로는 막을 길 없는 불운에 엄마는 페치카가 있는 집에서 결단을 내린다.

살아난 엄마는
목숨은 부지하지만
화사한 고치 속으로 스며들어
결코
나비가 되지 못한다.

사위의 절대 팬

엄마는 사위라면 무조건 오케이!다.

이유는 사위가 S대 교수여서라기보다는 부드러운 사람이기 때문이다. 게다가 꿈에도 그리는 자신의 아버지와 전공이 같다는 것이 한술 더 보탠다.

까칠한 남편과 누려보지 못했던 마음 푸근함을 사위에게서 얻기 때문이다. 딸에게 잘해 주어서도 좋지만 그저 온화한 사위가 내 집 식구이기 때문이다. 가슴을 편안하게 해주는 사람이기 때문이다.

아버지와 결혼 사십여 년 동안 엄마는 줄곧 목말랐다.

남 보기에는 돈도 잘 벌고 외국을 내 집 드나들 듯하고 집안 물건들도 외국 것들로 꾸몄지만 그 속에 끈끈한 유대감은 결핍되었다. 엄마는 자신의 결혼생활을 불행한 것으로 규정하고 실패로 여겼다.

서양풍의 미인인 며느리를 이유 없이 꼴사나워하는 시어머니, 오빠와 올케 사이를 틀기 위해서라면 못할 일이 없는 시누이와 보태줘도 보태줘도 고마움을 모르는 시동생들이 포진해 끝도 없이 말을 보태고 뱉는다.

더욱 나쁜 것은 피할 곳이 없는 것이다. 부모형제가 없으니. 귀해 하던 시아버지마저 일찍 돌아가셨으니.

위태로운 가운데 의지할 것은 아들과 딸뿐. 자신의 방패막이로, 자랑거리로 만들기 위해 치맛바람을 날린다.

자기 식구들의 악다구니에 지쳐 바쁘다는 핑계로 외국으로 떠돌며 사업을 하는 남편은 좋은 아버지지만 나쁜 남편에 가깝다. 아내의 고통에는 관심이 없다. 관심을 가지기에 너무 벅찼는지도 모른다. 어떠한 고통도 이야기하지 못하는 소심함과 그로 인한 의기소침이 엄마의 탓이라면 탓이지만, 진심으로 자신이 받아들여지지 않는데 용기를 내어 자신의 요구를 말할 그 시대의 여인이 얼마나 있을까. 게다가 친정에서의 교육이 그녀를 억센 여자로 남게 하지 않았다.

엄마의 한 가지 소망은 우리 네 식구가 단란하게 살아보는 것이었다.

그 시늉을 위해 우리 넷 중 누군가의 생일이 되면 곱게 차려입고 아빠의 퇴근 시간에 맞춰 명동에 있던 사무실로 나서곤 했다. 마지못해 응하는 남편과 아이들을 앞세워 저녁식사를 밖에서 했다는 것에 의미를 두는 것이 고작이다. 항상 엄마가 쐈다. 그래도 외식은 잠시 엄마의 숨통을 트여주고 '행복한 가족'이라는 너울을 쓸 수 있게 했다. 그러나 너울뿐이다. 한 번도 네 식구만 단란하게 살아본 적은 없다.

부담스러운 아내가 아닌가.
못마땅한 남편이 아닌가.

아내는 자신을 쳐다보고 있는 많은 식솔의 생계를 위해, 남자의 자존감을 만족시키기 위해 애쓰는 남편을 이해하기보다는 붙들어 매어 두지 못하는 것에 애가 닳았다. 남편은 한 번도 자발적이고 즐거운 모습을 보이지 않으므로 아내에게 진심어린 '가족'을 선사하지 않았다.

그런데 사위는 목소리가 상냥하고 눈을 부라리는 법도 없고 마누라에게 선물도 사주고 태도가 온화하다.

저녁을 먹으러 나선 어느 호텔 로비의 보석점에서 누나에게 귀걸이를 사주는 매형에게 동생은 '쓸데없이 비싸게 산다'고 퇴박을 하자 엄마는 '내버려 둬라, 보기 좋잖니?' 한다.

자신이 가져보지 못한 바로 그런 남편이 자신의 사위다.

병원에서 열에 들떠 정신이 오락가락할 때도 '난 김서방이 좋다'고 한다.

왜? 물으면 공부도 잘 하고 내 딸에게 잘해줘서, 한다.

딸이 남편과 오순도순 사는 것을 보며 자신이 그토록 갈구했던 '스위트 홈'을 대리만족할 수 있는 것에 만족해야 한다.

밀포드 트레킹

밀포드 트레킹 코스는 뉴질랜드 남섬 피요르드 국립공원을 거쳐 테아나우 호수에서부터 밀포드 만(灣)에 이르는 55㎞거리다.

1888년 퀸틴*이 개척한 경로를 따라 걷는 4박 5일 일정으로, 순수하게 걷는 시간은 온전히 사흘이다. 온갖 종류의 고사리들과 이끼들, 그 사이에서 노니는 호기심 많은 새들과 어우러진다. 새들은 벗어놓은 배낭에 올라오거나 가만히 내밀은 등산화 코에 앉기도 해 사람을 즐겁게 한다. 길은 경사가 완만하고, 곳곳에 숨겨져 있는 폭포와 호수, 늪지는 절로 경탄의 신음이 새어나오게 한다.

남반구에 위치한 뉴질랜드의 하절기 11월부터 4월까지 여섯 달만 여는 밀포드 트레킹 코스는 매일 인원을 90명으로 제한, 자연을 보존하여 오래도록 후손들도 충분히 누릴 수 있도록 관리된다.

일전 알프스산행을 시어머니 병환으로 포기했던 기억이 남아서인지 1년 전 신청을 하고선 뜻하지 않은 일이 끼어들까 노심초사하는 마음이 들곤 했다. 떠나는 날부터 아예 핸드폰도 끄고 세상을 잊기로 마음먹는다. 마음을 흔드는 생각의 틈입을 원천봉쇄할 작정이다. 딸이 오래 당신의 곁을 비우고 길을 떠난다고 몹시 불안해하며 매일 밤낮으로 전화를 하는 엄마가 짜증났는지도 모른다. 아마 그랬으리라.

시발점인 글래이드 하우스에 도착해서도 비가 어찌나 퍼붓는지 유리창을 따라 줄줄 흘러내리는 물줄기를 보며 마음이 심란하다. 우장을 갖추고 걷는 것이 얼마나 거추장스러운지를 잘 알기 때문이다. 몸에서 뿜는 습기가 공기 중으로 날아오르지 못하고 비닐 안에서 맴도는 후줄근함과 끈적거림은 움직임을 굼뜨게 할 뿐 아니라 지치게 한다. 산행의 즐거움을 반감시킨다.

다음 날 아침, 밤새 내리던 비가 가늘어지고 우리는 클린턴 강을 오른쪽으로 끼고 따라 걷기 시작한다. 전날 종일토록 비가 쏟아진 덕분에 몇 백미터 높이의 바위산 곳곳에서 물이 떨어지는 모양은 장관이다. 몇 백 미터 길이의 끝없이 이어지는 폭포병풍이다.

처음에는 폭포를 만날 때마다 탄사를 내뱉더니 곧 시들해져 웬만한 크기의 폭포는 눈에 차지 않는다. 눈이 부르다.

점심시간을 빼고 마냥 걷는 것이 일이고 목적이다. 각자의 속도에 맞춰 자연스레 두셋이 함께 걷게 된다. 서두를 것도 없고 그저 즐기면 된다. 서로 걷다가 만나고 만났다가 헤어지기를 반복하며 종일 걷는다. 여섯 시간 가량 걸은 뒤 그날의 숙소에 모여 씻고 떠들고 마시고 먹는다. 부풀어 오른 발들도 처치하고 스트레칭으로 몸도 풀고 빨래도 하고 신발도 말린다. 무사히 해냈구나 싶은 성취감과 안도감, 내일 떠나기 전까지 누릴 수 있는 편안함이 만찬이다. 열심을 냈기에 더 깊이 다가오는 평온의 맛은 간드러지다. 절로 목청이 높아지고 웃음이 잦아진다.

숙소는 저녁 열시에 일제히 소등된다. 전력소모를 줄이기 위해서도 있겠지만 트레커들의 컨디션조절이 더 큰 목적인 것 같다. 밤늦도록 술 마시고 수다 떨지 말라는 명령이고 다음 날을 위해 최선의 컨디션을 유지하도록 하는 규제다. 프로그램 주최 측의 배려이자 사업유지 수단이며 낙오자나 사고 없이 전 구간을 무사히 주파하기 위한 전략이다. 절제의 미덕으로 읽혔다.

메키넌 패스는 해발 1,169m밖에 되지 않는데도 오를수록 기온은 급격히 낮아지고 안개가 비처럼 뿌리며 바람까지 사나워 겨울 산행에 필요한 장비를 갖췄어도 손이 시리다. 능선에 북쪽을 보고 지어진 산장에서 몸을 녹이려 따스한 차를 마시지만 탐탁치는 않고 서둘러 차가운 점심을 먹은 후 출발이다. 바람에 날려 벼랑 밑으로 떨어질까 조심을 하고 눈밭의 차가운 안개에 떨며 고개를 넘으니 기적처럼 바람도 자고 안개도 걷힌다. 겨울에서 봄이 되었다. 급변한 기후 덕에 여러 날을 지낸 것 같이 느낀다. 갑작스레 온화한 볕 속에서 시야가 넓어지며 바람이 소리를 지르고 얼음보숭이들을 뿌리던 메키넌 패스는 까맣게 잊는다. 슬슬 하산이다. 구불구불 유유자적 걷는 일만 있다. 구름도 보고 나무도 보고 멀리 가는 울긋불긋한 사람도 볼 여유가 생긴다.

마지막 날 샌드플라이 포인트까지 얼마 남지 않은 시점, 불같은 변의(便意)를 느끼며 풍광을 즐길 새도 없이 초스피드를 내서 경보하듯 걷는다. 차라리 난다고 해야 한다. 베테랑 산사나이, 남편이 버겁다고 할 만큼. 등산화에 바퀴를 달았나 보다.

급살 맞은 생리적 작용에 인내심의 바닥이 보일 때, 바지에 실수를 하느니 주변 숲 속 어딘가 거름을 해야 하지 않나 수없이 힐끔거릴 때 멀리 하얀 간이식 화장실이 구원처럼 나타난다. 배낭과 스틱을 내던지고 내심 누군가 안에 있으면 어쩌나, 지금 내 직장(直腸)은 기다릴 여유가 없는데… 하고 두려워하며 화장실로 직행한다. 수없이 많은 샌드플라이**들의 시체가 거미줄에 바닥에 널브러져 있건 말건, 그것들에 신경 쓸 여유가 없다. 볕에 달궈진 뜨거운 화장실 안에서도 살아있는 놈들이 있어 내 엉덩이에 구멍을 내므로 헌혈을 하는 꼴이 될까봐 두 손을 연신 휘저으며 완벽하게 일을 본다. 어쩌면 그놈들은 고온으로 이미 제 정신이 아니었을 수 있다. 그렇다면 과잉방어가 되겠다. 어쨌든 스무 시간의 도보로 온몸 구석구석은 율동을 하고 원초적 욕구충족으로 몸무게의 10%는 쏟아낸 것 같다.

급박한 일에서 벗어나자 진한 아쉬움이 몰려든다. 그렇게 정신없이 달려오는 게 아닌데, 마지막 과자를 그렇게 빨리 먹어치우는 게 아닌데 하고 아깝다. 게다가 사흘간 스무 시간을 걸은 버릇 탓인지 계속 다리가 걸으려한다. 걷고 싶다. 글을 쓰고 있는 지금도 걷고 싶다. 꿈처럼 머릿속에서 다리가 움직인다.

벗들이 그 마지막 길은 우림의 맛이 없을 뿐 아니라 그냥 흙길, 예전의 마찻길일 뿐이었노라 위로해도 위안이 되지 않는다. 시간만 있다면 되돌아가 다시 풍광을 즐기며 유유자적 걸어 나오고 싶다.

씻기듯 몸속의 찌꺼기를 쏟아냈다면 충분히 걸었을 법한데 자꾸 몸이 앞으로 나아가려 하는 이유는 무엇인가.

지쳐 쓰러질 때까지 걷고 싶은 이유는 무엇인가.

벗들은 충분하다는데, 55㎞로 만족하지 못하는 이유가 무엇인가.

그냥 그렇게 닳까지 내달리고픈 이유가 있는가.

현실로 돌아가는 것을 유예하고픈 것인가.

감당하기 어려운 일이 기다리고 있는 탓인가.
단지 다리의 관성 탓인가.

*퀸틴 Quintin Mackinnon: 뉴질랜드의 탐험가
**샌드플라이: 밀포드 만에 있는 리슈만편모충증을 매개하는 흡혈곤충

아직도 배워야 할 것들

어찌 해볼 수 없는 일을
그냥 지켜보며
무기력하게 시간을 보내는 것을
일상으로 받아들이는 것이 어렵다
나이 칠십에 가까이 다가섰어도

병원으로 가는 길 동네 아저씨처럼 슬리퍼를 끌고 담배를 피우러 나온 원장선생을 만났다. 먼저 알아보고 억센 남도 억양의 반말투로 인사를 건넨다. 우리 사이에 무에 할 말이 있겠는가. 속수무책으로 엄마를 맡겨놓고 일주일에 한 번 들르는 딸일 뿐인데. 편안하게 해드릴게, 양미간의 주름이 쉽게 펴지지 않는 나를 몸 낮춰 들여다보며 어쩔 수가 없어, 덧붙인다. 나도 고개를 끄덕이며 어쩔 수가 없네요, 한다

하루가 멀다 하고 열은 오르내리고 정신도 맑고 탁함을 오가니 그 사이에 당당하고 곧던 신체는 망가져 미라를 닮아가고 구강섭식이 되지 않는데 뭔가 먹고 싶다, 한다. 그 종점이 어디인지 뻔히 알아 무어라 답을 하기도 어렵고 그렇다고 딱히 할 수 있는 일도 없지만 그만 둘 수도 없다. 들러 손발톱을 깎아주고 안아주고 그게 전부다. 위로의 말도 마음정리의 재촉도 하기 어렵다.

어쩔 수가 없는 것인가
진정
어쩔 수가 없는 것인가.

걷는다

넉 달 동안의 칩거를 동안거(冬安居)라 여기기로 한다.

앞으로 이십년 더 살 거면, 그 육십분의 일을 투자해 나머지 육십분의 오십구의 시간을 건강하고 마음 편안하게 사는 것도 남는 장사라는 셈을 앞세워서.

내복을 벗어버리고 얼굴에는 분칠을 하고 길을 나선다.

오랜만에 모임의 자리에 앉았는데 마음이 외톨이다.

변한 것이 없는데 나는 왜 이러는가.

의문을 하지만 명쾌한 답은 얻지 못한다.

내장의 일부가 없어진 것이 배 속을 허전하게 해 그런가, 지레 내장 장애자가 된 것에 위축되어 그러는가, 오래 앓은 뒤의 낯가림 증상인가.

모든 것의 집합인가.

행사가 끝나고 홀로 걷기 시작한다.

엄마에게 간다. 병상에 누워 또 한 번의 봄을 맞고 있는 엄마에게 들르려 한다.

까마귀 고기를 먹었는지 극성스럽게 추웠던 겨울은 잊었다.

결이 없이 훈훈한 덩어리 바람이 밀려온다. 봄바람답지 않게 마냥 푸근히 안긴다. 칼칼한 맛이 없다. 숯불갈비 집 그을음 같은 미세먼지는 아랑곳 않고 걷다가 쉬다가를 반복한다. 길을 건너고 언덕을 오르고 땀에 젖는다. 버스를 탈 듯 정류장 의자에 앉아 숨을 고르고 탈 버스가 오지 않는다는 듯 다시 일어서 걷는다. 꽃을 내어놓은 카페를 지나고 봄옷을 권하는 가게 앞을 지난다.

더할 나위 없이 너그러운, 그러나 가난에서 헤어나지 못하는 친구의 딸이 암이라는 소식에 무슨 이유로 그에게 고난이 그치질 않는가, 나이 든 나는 목숨을 건졌는데, 머릿속이 시끄럽다.

아바니하*가 신에게 투덜대듯이 끊임없이 구시렁거리며 걷는다.

이래저래 걷는다.

잊고 싶은 것이 많기도 하고 알고 싶은 것이 많기도 해서, 걷는다.

우리는 무엇으로 사는가.

운명으로 사는가 은혜로 사는가 의지로 사는가.

봄볕은 선글라스를 뚫으며 망막에 별을 쏜는다. 머플러는 열린 코트 자락을 벗어나려 몸부림을 친다. 뺨을 간질이며 휘두르다가 제풀에 스르륵 땅으로 주저앉는다. 주워 목에 걸치면 또 몸부림이다.

부질없는 짓.

섬나라 같은 대한민국을 가로질러 동쪽으로 동쪽으로 밤낮없이 걸어 바다에 다다르면 머릿속 엉킨 실타래의 가닥이 잡힐까.

기다리는 이가 있어 애써 마음을 꺾는다.

손을 잡고 눈을 마주하면 그저 행복한 엄마 곁에 앉아 도무지 알 수 없는 세상일들에 마음이 산란하다.

더도 덜도 아니고 이렇게 사는 것일 터인즉.

이순(耳順)할 나이도 지났잖은가.

*아바니하: 막심 고리키의 '가난한 사람들'에 나오는 여자마법사

(청암문학 2018년 가을호 게재)

크로스오버 시대의 포에트poet

- 한기정 시인의 시와 수필을 보고

유한근

(문학평론가 · 전 SCAU 교수)

한기정의 수필은 낯설다. 낯선 만큼 새롭기도 하다. 그러나 수필가로서의 그의 글이 수필이 아니라는 장르적 오류의 혐의를 받기도 한다. 시의 틀처럼 행나누기와 연나누기의 형태를 지니고 있기 때문이다. 그러나 그가 시인으로 데뷔한 시인이라는 사실[1)]을 알면 그의 장르적 혐의는 벗을 수 있으나 여전히 그의 문학에 있어서의 장르 해체의 혐의는 긍정적이든 부정적이든 여전히 남게 된다.

이 점에 대해서 윤재천은 아포리즘 수필로 그의 시적 수필을 규정한다. "한기정은 수많은 삶의 역사를 아포리즘 수필로 승화시키

1) 계간지『문학시대』, 2017년 봄호, pp.232-246.

고 있어 글맛을 더욱 느끼게 한다. 많은 활자를 쓰지 않아도, 삶을 응시하는 절대자와 마주 한 듯 마음속에 잠재된 속울음이 글을 읽는 이들에게 많은 생각을 안겨준다. 그만큼 수필은 한기정에게 있어 속울음을 쏟아내어 멈추게 하는 치료자 역할을 한다./ 시적인 이미지가 강하지만, 아포리즘 수필로서 그 내용과 기법이 튼실한 작품이다"는 평가가 이를 뒷받침한다.

그리고 문학의 해체와 융합 문제에 대해서 이렇게 덧붙인다. "지금 우리 사회는 다문화 사회를 향해 발돋움하고 있어, 새로운 패러다임의 구축은 절대직 조건이 될 수밖에 없다.(…) 그 구체적인 예가 시의 산문화를 비롯해 소설의 사소설화와 수필의 허구화라고 할 수 있다./ 전통적이고 고정된 장르의 관념해체는, 시인이나 작가에겐 개성이며 고정된 사고가 아님을 제시해준 예로 이해할 수 있다. 어느 경우든 한정된 범주에 귀속되어 예외 없이 천편일률적이라면, 흐르지 못하고 틀 안에 갇힌 물처럼 썩을 수밖에 없다"[2] 는 견해도 한기정 시적 형태의 수필, 그 실험성을 설명해주는 담론이라 볼 수 있다.

그렇다. 현대는 크로스오버의 시대이다. 그리고 하이브리드 시대이기도 한다.

크로스오버(crossover)의 사전적 의미는 '활동이나 스타일이 두 가

---

2) 윤재천, 『수필론』의 「해체와 융합」, 문학관, pp.420~421.

지 이상의 분야에 걸친 것' 즉 교차와 융합을 의미한다. 음악에서는 퓨전음악, 또는 뉴에이지 음악을 크로스오버라 지칭한다. 이러한 현상은 음악에서 뿐만 아니라 모든 영역에서도 진행되어왔던 현상이기도 하다. 나아가서는 각자 독립된 영역을 지켰던 문화, 학문의 경계가 무너지고 혼합되고 융합되어 오기도 했다. 문학의 경우도 예외는 아니다. 오래전부터 문학도 그 장르의 경계를 허물고 교차 융합의 현상을 보였다. (…) 학문 간에도 학제간 연구가 진행되고 있고 사업도 변형된 형태의 새로운 제품을 제작하기 위해 그 경계를 넘어 서로가 융합되어 가고 있는 것도 이 시대의 특별한 현상 때문이다. 하이브리드가 그것이다. 하이브리드(hybrid)는 오디오 용어로 잡종, 혼성물을 의미한다. IT용어로서의 사전적 의미로는 '특정한 목적을 달성하기 위해 두 개 이상의 기능이나 요소를 결합한 것'을 의미한다. (…) 이러한 하이브리드적 접근방식이 정치·사회적 통합 코드로 최근 관심을 모으고 있기 때문에 이 용어 또한 간과할 수 없는 용어이다. 다양성과 다원성이라는 기초 위에서 소수 의견을 포함한 우리 사회의 다양한 목소리를 포용・통합해 나가고 있는 이 시대. 이 시대는 디지털 시대임에도 불구하고 아날로그적 방식이나 사고를 버리지 못하고 있는 우리의 문학계에서는 오히려 다른 영역보다 늦게 찾아온 현상일 수도 있다[3)]'고 필자는 여러 자리에서 말한 바 있지만, 다양성의 시대인 현대에서의 문학은, 특히

실험성이 강한 수필에서는 어느 장르보다 크로스오버적 특성과 하이브리드적 특성이 장르 해체와 융합 측면에서 이루어지고 있고, 앞으로 더욱 심화될 것이라는 예측은 가능해진다.

필자는 작가로서의 한기정의 글을 여러 문예지에서 접한 적은 있지만, 자연인으로서의 그를 만난 적이 없다. 자료를 통해서 알 수 있었던 그는 대학에서 특수교육을 전공한 교수이며 아동들의 학습부진, 정서장애, 지적장애, 자폐아동들을 연구한 학자이기도 하다. 그의 박사논문은 '자유로운 사고' '실존적 교육'에 관한 연구이며 7권의 전공서적을 가지고 있는 원로 학자이다. 그뿐 아니라, 민전에 당선, 초대작가, 심사위원 등을 역임한 화가이기도 하다. 그런 한기정은 『현대수필』을 만나 소녀시절부터 지니고 있었던 문학에 대한 열정으로 소설 같은 수필, 시 같은 수필을 시도해온 작가임을 알게 되었다. 이러한 작가의 자연인으로서 삶을 고려할 때, 그는 분명 크로스오버시대 혹은 하이브리드시대에 있어서 새로운 문학의 지평을 열 수 있는 작가임이 분명하다.

따라서 보수적인 문학관을 고수하는 이들에게는 낯설기만 한 그의 세 번째 작품집에 수록된 작품 속으로 들어가 본다.

---

3) 졸고 「크로스오버 시대의 미래수필」에서

1. 포엠과 메타에세이와의 거리

안개처럼 고요가 깔리고
먼 하늘에는
회보랏빛 구름

바람이 분다

머리카락으로 뺨을 때리고
등을 밀어 발걸음을 재촉하고
블라우스 자락을 들추며
골다공증 가슴을 관통한다

누구 없어요?
이야기 들어줄 누구 없나요?

-「바람이 분다」 전문

현재의 장르개념으로 보면, 위의 글은 시이다. 수필이라 할 수 없다. 내게는 위의 글을 시적 수필이라고 주장할 수 있는 힘이나 이론이 없다. 소설에서 말하는 메타픽션(metafiction)처럼, 기존소설의 플롯 전개와 시점, 서술 방식 등의 형식과 기법들에 저항하면서 확정적 현실의 붕괴를 위해 시도하는 것처럼 위의 글을 수필의 범주 속에서 말한다면, 메타에세이라 지칭할 수는 있을 것이다. 그러나 위의 글은 기존 장르 개념으로서의 시이다.

위의 「바람이 분다」는 안개처럼 깔린 고요, 회보랏빛 구름을 프레임으로 부는 바람이 서정적 자아의 "머리카락으로 뺨을 때리고/ 등을 밀어 발걸음을 재촉하고/ 블라우스 자락을 들추며/ 골다공증 가슴을 관통"할 때, "누구 없어요? /이야기 들어줄 누구 없나요?"라고 절규(?)한다. 절규하는 자아는 작가 자신이기도 하지만, 자신을 표상한 바람이기도하다. 서정적 자아가 이 시의 프레임으로 존재하는 자연물을 통해 자아 존재에 의혹과 소통의 정체를 탐색하는 시이다. 이 시는 어쩌면 이 작품들의 화두일 수도 있을 것이다. 존재양식에 의해서 자아 탐색을 하기보다는 관계양식을 통해서 자아 성찰을 꾀하는 시이다. 이 작품이 수필이었다면 자아성찰과 사유를 통해 자신이 무엇인가에 대한 존재의 일단(一端)을 보여줬을 것이다. 이 점이 시와 수필의 다른 점이다. 한기정 문학에 있어서 포엠과 메타에세이의 차이다.

동생이 태어나던 저녁
천장에 매달린 알전구는 지나치게 고요하고
다다미방에 누운 엄마는
산고를 치르는데
고통의 소리는 잠잠하고

다급하게 서성이는 사람들

무성 영화를 보듯
멀찍이 떨어져 앉은
나

행여 고향냄새가 어디 있을까
어릴 적 살던 동네를 휘적휘적 거닐지만
서울은 변신합체의 고수
낯선 그리움만 챙긴
빈털터리

언제나
섬.

-「기억의 섬」 전문

「기억의 섬」의 주체는 '섬'이다. 서정적 자아는 자신을 '섬'으로 인식한다. 고향부재의 "낯선 그리움만 챙긴/ 빈털터리"인 자신의 정체성을 섬으로 표상한다. "어릴 적 살던 동네", 고향냄새, "변신합체의 고수"인 서울, 이 시의 1연인 "동생이 태어나던 저녁/ 천장에 매달린 알전구는 지나치게 고요하고/ 다다미방에 누운 엄마는/ 산고를 치르는데/ 고통의 소리는 잠잠하고/ 다급하게 서성이는 사람들"의 행간에는 수필적 이야기들이 함축되어있다. 얼마든지 수필도

가능한 이야기들을 압축하여 보여준다. 동생이 다다미방에서 태어날 때의 정경을 저녁과 알전구, 그리고 엄마의 산고의 고통과 분만을 기다리고 서성거리는 가족들의 이야기를 함축하여 표현하고 있기 때문에 수필에서 보여줄 수 있는 감동을 언어절제를 통해서 보여준다. 유년의 그 기억의 풍경들을 서정적 자아는 "무성 영화를 보듯/ 멀찍이 떨어져 앉아" 지켜본다. 이러한 시적 대상과의 거리는 시에서의 절제미로서 중의적인 상상을 가능케 하는 부분이다.

수필이라는 장르에서도 절제미는 가능하다. 정서와 의미공간을 비유적인 문장으로 얼마든지 가능하게 창작할 수 있다. 그러나 시의 구성요소 중 하나인 시의 '구조', 즉 행과 연이 있는 '시틀'이라는 구조적 특성을 잘 살릴 수 있다는 점에서 이 작품은 시의 구조를 차용한 것으로 볼 수 있을 것이다.

특히 이 시의 2연인 "무성 영화를 보듯/ 멀찍이 떨어져 앉은/ 나"에서 보여준 시인의 외로움은 다른 시적 수필인 「외로움이란」에서 다른 면모를 엿볼 수 있다. "친구야 노올자/ 하염없이 집 앞에 앉아/ 허전함을 달래던 때/ 외롭다,는 언어 자체가 없었다/ 모가지를 꼬고 땅바닥에 그림을 끄적이고/ 나무에 맨 고무줄을 혼자 겅중거리며/ 마냥 시간을 보내도/ 가슴 시린 것을 몰랐다/ 해가 뉘엿해지면/ 스적스적 집으로 발길을 돌리고/ 잊었다/ 그리고 습관처럼 내일을 기약했다// 갈 집이 있고/ 기다리는 사람이 있어서/ 외로움이라 이름 짓지 않는다/ 그저 심심하다고 한다"(「외로움이란」 전문인용)가 그것이다. 나는 이 작품을 시적 수필이라고 말했다. 이 시에는 행과 행 사이, 연과 연사이의 시적 고도의 비약은 없다. 수필문장의 한 부분처럼 줄글로 써도 좋은 짧은 수필이다. 다만 제목이 그러하듯 '외로움'이라는 언어인식이 시간대에 따라 어떻게 다르게 인식할 수 있는가를 구체적인 서사 혹은 상황으로 시처럼 보여주고 있다는 점에서 시적 수필로 명명한 것이다. 유년시절의 외로움은 '심심함'이라는 인식, 그리고 외로움이라는 언어의 뒷면에서 은폐되어있는 절대고독을 보여주고 있어 경험시로서의 가능성을 보여주고 있다는 점에서 주목된다.

2. 아포리즘 문학과 실험수필의 지평

르네 웰렉의 말을 빌리지 않아도 문학작품을 평가하는 마지막 척도는, 혹은 책의 위대성은 그 글의 '사상'에 있다. 금언 ·격언 ·경구 ·잠언이라는 의미의 아포리즘이 문학에 있어서 주목되는 것은 짧은 글인 시나 단수필, 혹은 손바닥수필 등에서는 그 가치의 비중이 높기 때문이다. 물론 아포리즘적인 메시지가 감성적인 글에서 오히려 그 가치가 폄하되는 것도 일반적인 통설이다.

하지만 한기정의 시와 수필에서는 이러한 아포리즘적인 요소가 강하다. 그것은 문학인이 아닌 자연인으로서 면모 때문일 것이다.

세상에 그저 밀리기만 하고 그저 당기기만 하는 일이 어디 있겠나
밀물과 썰물처럼 쉬지 않고 실랑이 하는 것이 일상인데

하늘로 솟을 듯 기쁘다가도 풀썩 주저앉지만
그 일로 불행한 일을 면하니 천만다행이라고 여기기도 하고
다시는 보지 않을 듯 토라지지만
풀 죽은 모습에 멍울이 풀리다가도
내가 또 속나? 싶어 속에 열을 채우고
별거 아니다 다짐하는데도
막상 부딪히면 손이 떨려
밥 때를 넘기며 되새김질하기도 하고

오름이 있으면 내림이 있고
빛이 밝으면 어둠이 깊고
아픈 만큼 자라고
잃으면 얻는 것이 있고
얻으면 잃는 것이 있고

삶이란
경계를 넘나드는 법
사는 모든 것이
밀당
그래서

우리가 사는 것은 도 닦기
우리는 수도자.

-「밀고 당긴다」 전문

위의 인용문인 「밀고 당긴다」는 아포리즘적인 시와 아포리즘적인 수필, 그 사이의 경계에 서있는 글이다. 정서적 표현이 아닌 사고 혹은 사유적 표현이 강하기 때문이다. 삶이라는 보편적이고 포괄적인 화두를 '밀고 당긴다'는 행동이나 현상으로 비유하고 있기 때문이다. 마지막 연의 "삶이란 /경계를 넘나드는 법 /사는 모든 것이 /밀당 /그래서 /우리가 사는 것은 도 닦기 /우리는 수도자"라는 의미공간에 도달하기 위해 전반부 연의 구체적인 현상과 사유를 보여준다. 특히 "오름이 있으면 내림이 있고 /빛이 밝으면 어둠이 깊고 /아픈 만큼 자라고 /잃으면 얻는 것이 있고 /얻으면 잃는 것이 있고"는 보편적 관념을 "아픈 만큼 자라고"라는 인식으로 창작성을 형상화시키고 있다는 점과 1연의 밀고 당기기를 "밀물과 썰물처럼 쉬지 않고 실랑이 하는 것이 일상"이라는 인식이 이 시의 보편성을 극복한다.

이와 같은 맥락의 시이면서 인식보다는 정서를 놓치지 않은 시가 「불을 켜지 마세요」이다.

붉어진 코끝을/ 들키고 싶지 않아요/ 강가의 희미한 등불 속에/

잠시/ 흐느끼고 싶어요/ 걸음을 늦추지도/ 어깨를 들썩이지도 않고 / 그저/ 눈물을 참느라 찡그린 미간을/ 감추고 싶을 뿐이에요// 살며/ 누구나 우는 법/ 울지 않는다면/ 인간이 아닌 법// 행여 그런 누군가를 보더라도/ 지나치세요/ 알 바 없는 듯/ 무심히 지나쳐 주세요// 곧/ 깊은 숨을 들이쉬며/ 씻은 듯/ 고개를 빳빳이 세울 거에요.

-「불을 켜지 마세요」 전문

위의 「불을 켜지 마세요」에서는 밝은 불에 노출되지 않은 어둠과도 같은 곳, "강가의 희미한 등불 속에"서는 우는 것을 들키지 않고 "깊은 숨을 들이쉬며/ 씻은 듯/ 고개를 빳빳이 세울" 것이라는 메시지를 전언한다. 인간은 "살며/ 누구나 우는 법/ 울지 않는다면/ 인간이 아닌 법// 행여 그런 누군가를 보더라도/ 지나치세요/ 알 바 없는 듯/ 무심히 지나쳐" 달라고 노래한다. 시는 노래이다. 수필은 노래가 아니다. 이 경우에는 수필보다는 시라는 장르가 시인의 마음을 표출하기에 적절한 장르이다.

서정시의 개념은 이렇다. "인간의 사상과 정서를"(사상도 포함된다. 유치환의 시 「깃발」을 떠올리면 이해가 된다), "가장 짧게 표출하는 주관시"가 서정시이다. 물론 이 개념에 대한 수정이나 발전적 견해는 20세기에 들어와서 보완되었지만 서정시의 근본이 이렇다. 짧아야 되고, 표현이 아닌 표출되어야 한다. 그리고 객관적이지 않고 주관적이어야 한다. 그래서 개성적이고 창의적인 창작이 되기 때문이다.

그가 내 곁을 지키는 것은
나를 연민하기 때문이다
내가 그의 곁에 머무는 것은
내 손목을 비틀지 않기 때문이다
우리가 서로에게 충실한 것은
외롭기 때문이다.

-「이유」 전문

위의 시 「이유」는 짧다. 그리고 주관적이다. 정서적인 체험과 인식을 통해서 그와 나의 관계를 명쾌하게 표출한다. "내가 그의 곁에 머무는 것은/ 내 손목을 비틀지 않기 때문이다"는 개인적 주관적 인식의 표출은 이 시를 한층 높여준다. 연민과 외로움에 대한 정서적인 인식도 짧지만 이 시를 평면적인 정서 표출이라고 폄하할 수 없다.

"그저/ 한 줄이면 된다"로 시작되는 「한 줄」에서는 그 한 줄인 "태어나 살다가 죽었노라"라는 인식의 근거를 제시하기 위해 "명치에서부터/ 배꼽을 굽이돌아/ 잔뜩 물이 오른 장마철 지렁이가/ 슬그머니 휘어져 기어간다// 행여/ 터질까 봐 엮어 맨/ 빨대 같은 나일론실 자국으로/ 뱃가죽에/ 엉성한 텐 팩이 생겼다"라는 서정적 자아의 몸의 상처를 감성 논리로 제시한다. 그리고 "지울 수 있을 것처럼/ 물릴 수 있을 것처럼/ 거울을 오래도록 들여다본다"고 칠 개월 전에 생긴 상처를 토로한다. 물론 이 내용의 에피소드를 수필로 쓸 수도 있을 것이다. 그러나 한기정 작가는 그 수필의 체험을 수필로 쓰지 않고 시의 구조 속에 집어넣는다. 그것이 효과적이기 때문이다. "십년/ 길게는 삼십년까지" 지니고 있던 「물건 버리기」에서 "버려도 면죄를 받을 것 같은 안도로/ 신명을 내어 버린다"는 그 마음도 수필보다는 시적 형식이 효율적이기 때문이다.

"날이 선선해져 산에 올랐다"로 시작되는 수필 「물에 빠지다」는 남편과의 산행 체험을 쓴 수필이다. 그러나 이 수필 속에는 시의 틀로 남편에 대한 이야기가 삽입된다.

> 십 삼세 소년시절부터 산타기에 이골이 난 남편이 개울에 빠진다.
> 바지 밑단이 짙은 색으로 변하고 엉덩이에 팬티자국이 난다.
> 그러려니 한다. 걷다보면 마르려니 한다.
> 또 빠진다.
> 그럴 수도 있겠거니 한다. 그러나 조금 신경이 쓰인다.
> 그런데 또 빠진다.
> 이제는 걱정이 된다.
> 산에서 술 마시지 마, 하고 오금을 박는다.

위의 인용문을 읽으면 개울에 빠진 남편, 또 빠지고 또 빠지고.

끝내는 술에 빠진 남편이야기를 수필 형식으로 쓰지 않고 시의 틀에 집어넣는다. 그것이 미학적이라는 판단 때문일 것이다.

산행을 하면서 오대산의 산 풍경과 단풍을 감각적으로 그리며 이 수필은 시작된다. 그리고 "하늘은 구름 한 점 없이 짙푸르고 땅은 옅은 갈색으로 물이 들었는데 멀리 보이는 사람들은 개미처럼 꼼지락거리며 능선을 향해 무지개띠를 만든다"고 시각적 이미지로 표현한다. 그리고 "산을 오를수록 공기는 축축해지고 노인봉은 구름에 싸여 동해가 어느 쪽에 있는지 가늠이 어렵다. 구름이 겨드랑이를 떠받쳤는지 그 속에 내가 있다"고 시적 발상으로 문장으로 산의 풍경 등을 그려 나가다가 개울에 빠진 남편이야기로 이어진다. "말은 그렇게 하면서도 내심 속이 상하고 마음이 짠~~ 하다"와 "내 눈에는 아직 청년인데 세월은 비웃음이다" "허긴 이미 지공대사(지하철을 공짜로 타는 노인을 이르는 유행어인데-주注 인용), 국가가 인정한 노인인데 (…) 노인세계로의 진입 자격증"이라고 남편에 대한 연민과 수필의 특성인 유머와 위트로 남편과의 산행 체험을 "그 어느 때도 경험해보지 못한 최고의 절경과 만나며 가슴이 환희로 서늘하고, 또한 자꾸 물에 빠지는 길벗을 보며 안타까움으로 다른 마음 한 구석이 또 다르게 서늘하다"고 이 수필 「물에 빠지다」를 마무리한다.

이렇듯 한기정 수필에서는 에세이의 어원적 의미인 '무엇인가를 새롭게 시도한다'는 실험성을 잊지 않고 시도한다. 아포리즘적 문학을 위한 실험정신일 것이다.

이런 실험정신이 극대화된 수필은 「여러 경우의 결혼방정식」이다. 이 수필은 아포리즘으로 시작된다. "결혼이란 두 사람이 만나 현재를 살며 미래를 꿈꾸는 일이다. 자식을 낳으므로 자연에 동참도 한다./ 결혼을 유지하기 위한 필수요소에는 신뢰와 인내, 관심, 연민, 애정, 문화 등의 무형적 가치와 자식과 재물, 성적교합 등의 구체물이 포함된다"가 그것이다. 그리고 "이 요소들이 더해지고 빼지고 곱해지고 나뉘면서 얽히고 설켜 가정고유의 체제가 구축"되는데 그 결혼의 형태를 방정식으로 제시한다. 그 방정식은 "1+1〈1" "1+1=1" "1+1=2" "1+1〉2" 로 나누어서 그 유형에 대한 설명으로 단락을 구조한다. '1+1〈1' 는 "갈 데까지 가보자, 하는 심정으로 하는 결혼" 유형이고, '1+1=1'는 "밑지는 장사"의 결혼 유형이다. '1+1=1±α'이 바람직하고, '1+1=2'는 보통 수준의 결혼방정식이고, '1+1〉2' 은 "서로 공감하고 적극 문제해결하려 하며 새로운 접근이 수월해지니 신명이 나는 결혼방정식이라고 규정하며 재미있게 풀어간다.

> 위의 한 가지 등식 혹은 부등식이 결혼의 진행기간 동안 영원히 탄탄하게 유지되는 법은 없다. 위의 방정식들을 넘나드는 것이 통상적이다. 여건에 따라 건강에 따라 마음먹기에 따라 방정식을 갈

아탄다. 출렁이며 이리저리 끌려 다니고 문제에 부딪히고 탈진하기도 하고 해결하기도 한다. 자기의사에 의해서일 수도 있고 타의에 의해서일 수도 있고 주변상황의 강력한 영향일 수도 있다. 그러나 의지를 세우고 상황을 해석하고 문제해결을 모색하는 것의 주체는 결국「나」이다. 생산적인 결혼으로 가기 위해서는 상대에 대한 이해를 행동으로 실천하는 용기, 결혼유지를 위한 대화노력 그리고 시간이 필요하다.

- 수필「여러 경우의 결혼방정식」중에서

위의 인용문에서처럼 네 유형의 결혼 방정식을 제시하고 결혼에 대한 아포리즘으로 결론을 맺는다. "위의 방정식들을 넘나드는 것이 통상적"인데, 그것은 "여건에 따라 건강에 따라 마음먹기에 따라 방정식을 갈아탄다"고 작가의 살아온 경험을 통해 조언한다. 그리고 "생산적인 결혼으로 가기 위해서는 상대에 대한 이해를 행동으로 실천하는 용기, 결혼유지를 위한 대화노력 그리고 시간이 필요하다"는 아포리즘을 제시해준다. 그리고 이어서 "결혼생활은 결국 서서히 어느 한 가지 결혼방정식에 안착하게" 되는데, "생래적으로 모든 결혼은 이별을 잉태하고 있기 때문에 항상 예기치 못한 위기들은 지뢰처럼 두 사람의 평온을 위협"하지만, "견뎌낼 공통의 목표가 단단하고 대화로 함께 미래의 꿈을 공유할 의지가 굳건하고 서로에 대한 신뢰를 소중하게 여기면 위기를 타파"할 수 있음을 조언한다. 그리고 마지막 문장으로 "아무리 시대가 변해도 결혼의 목표는 같이 있어도 떨어져 있어도 미소가 떠오르는 좋은 친구, 말벗을 얻어 행복해"진다고 마무리한다.

3. 시다운 것과 수필다운 것

문학정신은 창조정신이다. 창조정신을 갖기 위해서는 자유정신이 있어야 한다. 자유정신은 독자적인 개성과 도전성을 발판으로 해서 성립된다. 그래서 문학인의 영혼은 자유로운 영혼을 가져야 한다고 말하기도 한다. 디아스포라 혹은 노마드를 의미하지는 않다. 그러나 작가에게 있어서 필요한 것은 부단한 탐험정신 혹은 탐색정신 그리고 무엇에도 굴복하지 않는 부단한 지속성이 필요하다. 이러한 문학정신의 결여가 작가의 길로 나아가는 것을 중단시키기도 하기 때문이다.

이런 맥락에서 「시답지 않은 시작」이라는 제목이 우선 주목된다. 제목만 보았을 때, '시답다'와 '시작'이 중의적 의미를 지니고 있기 때문이다. '시답다'는 "마음에 차거나 들어서 만족스럽다"라는 사전적 의미가 있지만, '시(詩)답다'는 의미로 이해할 수도 있기 때문이다. 마찬가지로 시작도 시 창작이라는 시작(詩作)과 출발이라는 중의적 의미를 지니고 있기 때문이다.

겨울이 시작되는 때
거리가 성탄절 냄새를 풍기기 시작할 때
외로움이 나를 망칠 것 같은 위기감에 허우적거릴 때

낯가림을 하는 내 습성도 있고
선뜻 여자에게 다가서려하지 않는 그의 수줍음 탓도 있을테고
그는 천재들만 가르쳐온 사람이고
나는 부족하다 일컬어지는 아이들 도울 궁리를 하는 사람이고

소개해 준 친구들과 어울려 식사하고 늦은 시간 집으로 데려다 주는 포니 안에서 그는 실수를 한다.
찢은 명함조각에 어느 구석에서 찾아낸 먼지 묻은 모나미153 볼펜으로 내 연락처를 받아 적으려는데 받침이 마땅치 않았는지 설핏 내 무릎에 대고 쓰려다가 스스로 기겁을 한다.
나는 피시시 웃음이 나면서 일시에 낯선 느낌이 사라진다.
한번 더 만나봐야겠다고 마음먹는다.

그런 시답잖은 것에 인생전체를 걸다니!

－「시답잖은 시작」 전문

위의 「시답잖은 시작」은 시(詩)답지 않다. 스토리가 있는 하나의 에피소드가 있기 때문이다. 서정적 자아인 '나'와 '그'의 어느 성탄절의 서사가 있기 때문이다. '포니'라는 차종이름으로 보아 70년대 데이트 경험담을 회상하는 글이기 때문이다. 이 글을 수필로 본다

면 짧은 수필이라 할 수 있고, 시로 본다면 이 서사에서 시적 은유 구조를 찾아야 한다. 서사적인 시를 우리는 서사시와 변별성을 가지기 위해 혹자는 경험시 혹은 체험시라고 말한다. 그리고 어떤 이는 리얼리티 시라고도 지칭한다. 시인이 체험한 것을 서사로 풀어가는 시 경향을 흔히 볼 수 있기 때문이다. 그러나 이러한 시에도 시에 있어서 시의 표현구조인 은유, 상징, 아이러니, 그리고 알레고리적 구조를 지니게 된다. 그 서사가 하나의 시적 비유 구조를 가지고 있다는 말이다. 그렇다면 「시답잖은 시작」은 어떤 구조를 가지고 있는 것일까? 「한 줄」의 마지막 행 "글을 쓰는 것이 부질없게 여겨진다"의 토로처럼 부질없기 때문에 깊이 감춘 것일까?

한편, 또 다른 시인 「한 줄」은 이렇다 "이 한 줄 속에/ 너무나도 많은/ 이야기와/ 눈물과/ 웃음과/ 아픔과/ 사건과/ 후회와/ 즐거움과/ 아쉬움과/ 뿌듯함과/ 치열함과/ 보람과/ 허망함과/ … …// 천만 가지의 기억들이 담겨있다/ 버겁도록 꽉 채워 담겨있다// 그래서/ 때론/ 글을 쓰는 것이 부질없게 여겨진다"(「한 줄」 전문 인용)고 노래한다. 「한 줄」은 굳이 설명이 필요 없는 시이다. 그러나 "글을 쓰는 것이 부질없게 여겨진다"는 마지막 행은 아이러니적이다. 글 한 줄 속에는 "천만 가지의 기억들이 담겨있"고, 사람의 온갖 감정과 정서, 이야기들이 "버겁도록 꽉 채워 담겨있"는데 부질없다고 말하고 있는 것이 그러하다.

이처럼 「시답잖은 시작」도 아이러니의 시적 구조를 지니고 있다고 볼 수 있다. 이 시도 마지막 연인 "그런 시답잖은 것에 인생전체를 걸다니!"가 아이러니 구조를 지니고 있기 때문이다. 반어적인 뒤바뀜(peripeteia), 비꼼(sarcasm), 자기 비하적인 구조를 지니고 있기 때문이다.

그러나 이러한 아이러니 시 뿐만 아니라, 한기정 시는 전통적인 서정시의 면모 자신의 정체성을 확인한다.

울어야지

꽃을 들여다보다가도
벽에 기대어
누군가에게 빰이라도 맞은 듯
흐느껴 울어야지

너른 들판 휘젓는 바람에 몸을 맡기다가도
방금 연인과 작별한 듯
서러우면
명치에 멍울이 생기도록
울어야지

가을 밤
서리 같은 달빛을 베일삼아

눈물을
떨구지 않고도
우는 법을 익혀야지.

-「서러우면」 전문

서정시의 핵은 비가(悲歌)이다. 위의 시 「서러우면」처럼 구어체의 운율을 중시하는 시면서도 현대시의 특징인 이미지로 간과하지 않는다. "꽃을 들여다보다가도/ 벽에 기대어/ 누군가에게 뺨이라도 맞은 듯", "너른 들판 휘젓는 바람에 몸을 맡기다가도/ 방금 연인과 작별한 듯"이라는 직유로, "명치에 멍울이 생기도록"과 "서리 같은 달빛을 베일삼아/ 눈물을"처럼 은유적인 비유로 감각적 표현으로 형성화한다.

부탄의 여행체험을 모티프로 쓴 시 「별」의 "잠자리에서 일어난 내 이마에/ 바늘 끝 같은 차가움을 남기고/ 성급히 떠나"가는 별. "하루 다녀간/ 얼음꽃들은/ 영원히 마음 속/ 별로만 남았다"는 표현 등. 그리고 「여름날」의 다듬이 소리를 "장단 맞춘 소리결이/ 몸속으로 스며드니// 공기는 멈추고/ 영원 같은 적막/ 마지막 빛처럼 감미롭다"고 관념적인 이미지의 전이를 자유롭게 구사하고 있다는 점에서 그는 분명 감각적인 전통 서정시인이다. 그것이 한기정의 자연인으로서 삶과는 관계없이 그는 분명 수필가이면서도 분명 시인임을 증명한다.

한기정은 시인(poet)이다. 외국에서는 시를 쓰는 사람만 '포에트' 라고 지칭하지 않고, 작가들의 경우에도 또는 청중들을 위해 자신의 예술을 창작하는 사람을 시인이라 부른다.[4] 독일의 경우에는 '포에트'를 시인, 작가들로 지칭한다. 그것은 포에트는 창작인 혹은 창조하는 사람이라는 의미 때문이다. 이 에세이의 서두에서 언급했듯이 한기정은 크로스오버 시대 혹은 하이브리드 시대의 '포에트'이다. 그의 창작품이 시이든 또는 수필이든 그것은 그에게 있어 중요하지 않다. 자잘하고 사소한 일상에서 그가 느끼고 생각하고 있는 것을 담을 수 있는 그릇이 적절할 때, 그의 작품은 우리에게 작든 크든 감동을 줄 것이다. 이것은 자명한 일이다.

---

4) 위키백과 인용. "A poet is a person who creates poetry. Poets may describe themselves as such or be described as such by others. A poet may simply be a writer of poetry, or may perform their art to an audience"